Wolfgang Slesina (Hrsg.)

Reformierung des Gesundheitssystems –
oder: In welchem Gesundheitssystem wollen wir leben?

Wittenberg. Fridericianum.
Blick in den Kollegienhof (Neues und altes Kolleg) mit Professoren und Studenten.
Schmuckblatt aus der Wittenberger Matrikel, Herbstsemester 1644

Wolfgang Slesina (Hrsg.)

Reformierung des Gesundheitssystems – oder: In welchem Gesundheitssystem wollen wir leben?

Eine Disputation

Redaktion: Monika Lindner

SPRINGER FACHMEDIEN WIESBADEN GMBH

VS Verlag für Sozialwissenschaften
Entstanden mit Beginn des Jahres 2004 aus den beiden Häusern
Leske+Budrich und Westdeutscher Verlag.
Die breite Basis für sozialwissenschaftliches Publizieren

Bibliografische Information Der Deutschen Bibliothek
Die Deutsche Bibliothek verzeichnet diese Publikation in der Deutschen Nationalbibliografie;
detaillierte bibliografische Daten sind im Internet über <http://dnb.ddb.de> abrufbar.

**Martin-Luther-Universität
Halle-Wittenberg**

1. Auflage Januar 2005

Alle Rechte vorbehalten

© Springer Fachmedien Wiesbaden 2005
Ursprünglich erschienen bei VS Verlag für Sozialwissenschaften/
GWV Fachverlage GmbH, Wiesbaden 2005

www.vs-verlag.de

Das Werk einschließlich aller seiner Teile ist urheberrechtlich geschützt. Jede Verwertung außerhalb der engen Grenzen des Urheberrechtsgesetzes ist ohne Zustimmung des Verlags unzulässig und strafbar. Das gilt insbesondere für Vervielfältigungen, Übersetzungen, Mikroverfilmungen und die Einspeicherung und Verarbeitung in elektronischen Systemen.

Die Wiedergabe von Gebrauchsnamen, Handelsnamen, Warenbezeichnungen usw. in diesem Werk berechtigt auch ohne besondere Kennzeichnung nicht zu der Annahme, dass solche Namen im Sinne der Warenzeichen- und Markenschutz-Gesetzgebung als frei zu betrachten wären und daher von jedermann benutzt werden dürften.

Umschlaggestaltung: KünkelLopka Medienentwicklung, Heidelberg

Gedruckt auf säurefreiem und chlorfrei gebleichtem Papier

ISBN 978-3-531-14542-6   ISBN 978-3-322-80704-5 (eBook)
DOI 10.1007/978-3-322-80704-5

Inhalt

Einführung
Disputation des Akademischen Senats der
Martin-Luther-Universität
an der Stiftung LEUCOREA
Prof. Dr. Dr. Gunnar Berg,
Martin-Luther-Universität Halle-Wittenberg
Vorsitzender des Vorstands der
Stiftung LEUCOREA 11

Eröffnung
Prof. Dr. Wilfried Grecksch,
Rektor der Martin-Luther-Universität
Halle-Wittenberg 17

Eckhard Naumann,
Oberbürgermeister der Lutherstadt Wittenberg 23

Prof. Dr. Wolfgang Slesina,
Leiter der Sektion Medizinische Soziologie an der
Medizinischen Fakultät der
Martin-Luther-Universität Halle-Wittenberg 27

Disputation
In welchem Gesundheitswesen wollen wir leben?
Prof. Dr. Wolfgang Böhmer,
Ministerpräsident des Landes Sachsen-Anhalt 33

Gesundheitsreform aus Sicht der gesetzlichen
Krankenversicherung: Was sollte sich ändern?
Dr. Doris Pfeiffer, Vorsitzende des Vorstands der
Angestelltenkrankenkassen e. V. (VdAK) und des
Arbeiter-Ersatzkassen-Verbandes e. V. (AEV) 45

Gestaltung eines patientenorientierten
Gesundheitssystems
Prof. Dr. Johannes G. Gostomzyk,
Präsident der Deutschen Gesellschaft für
Sozialmedizin und Prävention 53

Repliken
Ethik im Gesundheitswesen –
Anforderungen aus der Sicht der Diakonie
Prof. Dr. Reinhard Turre, Präsident der
Krankenhausgesellschaft Sachsen-Anhalt und
Direktor des Diakonischen Werks in der
Kirchenprovinz Sachsen e. V. 69

Können wir uns Krankheit in Zukunft überhaupt
noch leisten?
Gedanken zur Gesundheitsreform aus der Sicht des
Krankenhausarztes
Dr. Peter M. Jehle, Chefarzt der Klinik für Innere
Medizin am evangelischen Krankenhaus der
Paul-Gerhardt-Stiftung in der Lutherstadt
Wittenberg 83

Was müssen wir tun, damit unsere Gesundheit
bezahlbar bleibt?
Prof. Dr. Georg Frank,
Geschäftsführer der Bayer Bitterfeld GmbH 93

Erwiderungen
Stärkere, im System verankerte Eigenverantwortung
Prof. Dr. Wolfgang Böhmer 103

Mehr Information und Transparenz im
Gesundheitswesen
Dr. Doris Pfeiffer 107

Demographische Aspekte der Prävention
Prof. Dr. Johannes Gostomzyk 111

Schlusswort
Prof. Dr. Wolfgang Slesina 117

Die Teilnehmerinnen und Teilnehmer der Disputation, v. l. n. r.: Dr. Doris Pfeiffer, Vorsitzende des Vorstandes der Angestelltenkrankenkassen e. V. und des Arbeiter-Ersatzkassen-Verbandes e. V. (am Pult); Prof. Dr. Johannes G. Gostomzyk, Präsident der Deutschen Gesellschaft für Sozialmedizin und Prävention; Prof. Dr. Wolfgang Böhmer, Ministerpräsident des Landes Sachsen-Anhalt; Prof. Dr. Wolfgang Slesina, Leiter der Sektion Medizinische Soziologie an der Medizinischen Fakultät der Martin-Luther-Universität Halle-Wittenberg; Prof. Dr. Reinhard Turre, Präsident der Krankenhausgesellschaft Sachsen-Anhalt und Direktor des Diakonischen Werks in der Kirchenprovinz Sachsen e. V.; Prof. Dr. Georg Frank, Geschäftsführer der Bayer Bitterfeld GmbH; Dr. Peter M. Jehle, Chefarzt der Klinik für Innere Medizin am evangelischen Krankenhaus der Paul-Gerhardt-Stiftung in der Lutherstadt Wittenberg (Foto: Norbert Kaltwaßer)

Einführung

Professor Dr. Dr. Gunnar Berg,

geboren 1940 in Magdeburg; 1958–1963 Studium der Physik an der Martin-Luther-Universität Halle-Wittenberg; anschließend bis 1970 Tätigkeit am Institut für Bergbausicherheit in Leipzig; im gleichen Jahr Beginn der Arbeit an der Sektion Physik der Martin-Luther-Universität als Assistent und ab 1983 als Oberassistent in der Festkörperphysik. Promotionen: 1971 zum Dr. rer. nat. an der Martin-Luther-Universität, 1975 zum Dr.-Ing. an der Bergakademie Freiberg; 1982 Gustav-Hertz-Preis für Arbeiten auf dem Gebiet der Festkörperphysik; 1983 Habilitation; 1989 Berufung zum außerordentlichen Dozenten; 1992 Berufung zum Professor für Experimentelle Physik an den Fachbereich Physik der Martin-Luther-Universität;

Tätigkeiten in Gremien: 1990–1992 Direktor der Sektion Physik; seit 1989 Mitglied der Initiativgruppe zur Erneuerung der Universität; 1991–1992 Dekan der Mathematisch-Naturwissenschaftlichen Fakultät; 1992–1996 Rektor der Martin-Luther-Universität; 1990–1998 Mitglied im Vorstand der Deutschen Physikalischen Gesellschaft; 1996–1998 und 2000–2002 Vorsitzender des Mathematisch-Naturwissenschaftlichen Fakultätentages; seit 1996 Vorsitzender des Vorstandes der Stiftung Leucorea in Wittenberg; seit 2000 Mitglied des Präsidiums des Deutschen Hochschulverbandes

Foto: Kai-Uwe Dietrich

Disputation des Akademischen Senats der Martin-Luther-Universität an der Stiftung LEUCOREA

Gunnar Berg

Die traditionell am Reformationstag in der Lutherstadt Wittenberg veranstaltete Disputation des Akademischen Senats der Martin-Luther-Universität Halle-Wittenberg richtet sich einerseits an die Öffentlichkeit und dient andererseits der Selbstverständigung der Universität über ein Thema, das von besonderem akademischem oder aktuellem Interesse ist – und möglichst beides gleichzeitig. Dabei stehen in der Regel die Fragen zum Thema im Vordergrund, Antworten können oft nur angedeutet oder thesenhaft gegeben werden, wäre es doch vermessen anzunehmen, an einem Nachmittag ein bedeutendes Thema abschließend behandeln zu können.

Die 1993 anlässlich der „Eröffnung des Festjahres" zur Feier des dreihundertjährigen Bestehens der 1694 in Halle gegründeten Fridericiana erstmals wieder eingeführte Disputation schließt bewusst an diese alte Form der akademischen Auseinandersetzung an. Es handelt sich nicht um eine Diskussion im üblichen Sinn, bei der häufig, veranlasst durch spontan sich entwickelnde Beiträge, die Hauptrichtung des ursprünglichen Themas verlassen wird und stattdessen entsprechend marginale – weil für den einen oder anderen Diskussionsteilnehmer persönlich wichtige – Fragen den Verlauf bestimmen. Demgegenüber ist die Disputation streng reglementiert. Was sie dadurch an Spontaneität verliert, gewinnt sie an Stringenz. Die Redezeiten sind vorgegeben; das zwingt zur Akzentuierung der Gedanken. In der Regel geben drei Disputanten thesenartig formulierte Gedanken vor, zwei bis drei Replikanten reagieren darauf und in einer letzten Runde antworten nochmals die Disputanten. Die Erfahrung vieler Jahre hat gezeigt, dass sich auf diese Weise innerhalb zweier Stunden tatsächlich auch die Schwerpunkte anspruchsvoller Themen herausdestillieren lassen. Sollte das Ergebnis solch einer Disputation der Anstoß zur weiteren wissenschaftlichen Beschäftigung mit der angerissenen Fragestellung sein, so ist das mehr als nur ein Nebeneffekt.

Das geschilderte Grundgerüst der Disputation wurde in der Vergangenheit, jeweils dem Thema angepasst, variiert. Strenge Rede und Gegenrede in einem Fall wurde durch detaillierte Situationsbeschreibungen im anderen Fall abgelöst. Und natürlich gab es Disputationen, bei denen bereits Beschreibung und Fallanalyse zu unterschiedlichen Antwortversuchen führten, ohne dass diese intensiv im einzelnen diskutiert wurden. Zu dieser Kategorie gehört die hier dokumentierte Disputation.

Die Stiftung LEUCOREA befindet sich zur Zeit in einem Umstrukturierungsprozess. In den vergangenen Jahren wurden in enger Verbindung mit den Fakultäten und Fachbereichen der Martin-Luther-Universität verschiedene wissenschaftliche Zentren und Sektionen eingerichtet, die, wenn auch mit wechselndem Erfolg, insgesamt erfolgreich gearbeitet haben. Ein Nachteil bestand und besteht aber darin, dass die zur Verfügung stehende personelle und finanzielle Ausstattung relativ gering ist. Sie lässt keine qualitative Steigerung mehr erwarten, zumal der Landeszuschuss zum Haushalt der Stiftung infolge der kritischen Haushaltslage in Sachsen-Anhalt verrin-

Einführung

gert wird. Die Konsequenz ist eine Konzentration und Schwerpunktbildung der wissenschaftlichen Tätigkeit, die alle Zentren und Sektionen betrifft, so auch die Sektion Gesundheits- und Pflegewissenschaften, die ursprünglich zur wissenschaftlichen Begleitung des Stiftungslehrstuhls Pflegewissenschaften an der Medizinischen Fakultät der halleschen Universität gegründet worden war. Dieser ist mittlerweile in eine reguläre Professur überführt worden, so dass Gelegenheit für eine fachliche Neuausrichtung der Sektion auf einen aktuellen Schwerpunkt des Gesundheitsbereiches besteht.

Es sind nicht mehr einzelne Bereiche des Gesundheitsversorgungssystems, die verbessert werden müssen, sondern es geht um das gesamte System und damit zusammenhängende grundsätzliche Fragen. Selbstverständlich spielen in solch einer Situation besonders Partikularinteressen, aber auch politische Grundsätze, eine Rolle. Um so wichtiger sind wissenschaftliche, möglichst nicht interessengeleitete Untersuchungen. Es wird deshalb an der LEUCOREA in enger Verbindung mit der Sektion Medizinische Soziologie der Martin-Luther-Universität ein Landeszentrum für Gesundheitssystemforschung eingerichtet. Das Ziel ist es, die vielfältigen Ursachen der Krise des Gesundheitssystems zu untersuchen und Lösungsvorschläge in die bundesweite Diskussion einzubringen. Die Disputation des Jahres 2003 stellt dazu eine Einstimmung und gewissermaßen einen Auftakt dar. Unter der Leitung des designierten Direktors des Zentrums, Herrn Prof. Dr. Wolfgang Slesina, werden durch ausgewiesene Experten die wissenschaftlichen Probleme der derzeitigen aktuellen Diskussion aus verschiedener Sicht aufgezeigt. Wie bereits erwähnt, war es bei der Schwierigkeit und der Kompliziertheit der Probleme nicht zu erwarten, dass auch Lösungen einvernehmlich präsentiert würden. Überaus deutlich wurde aber die Notwendigkeit, durch Forschung die dafür erforderlichen Grundlagen bereitzustellen. Das Ergebnis unterstreicht deswegen nachdrücklich die Bedeutung der für die LEUCOREA angestrebten Schwerpunktbildung auf diesem Gebiet. Es ist zu hoffen, dass das konzipierte Zentrum sowohl für das Land Sachsen-Anhalt als auch weit darüber hinaus eine nachhaltige Wirkung entfaltet.

Eröffnung

Professor Dr. Wilfried Grecksch,

geboren 1948 in Dresden; 1967–1971 Mathematikstudium in Dresden, 1971 Diplom;1971–1973 Mathematiker in der Braunkohle-Industrie; 1973–1992 Tätigkeit an der Technischen Hochschule Merseburg; 1976 Promotion (Technische Universität Dresden); 1979–1980 Forschungsaufenthalt bei Prof. Dr. Josef I. Gichmann (Universität Donezk/Ukraine); 1980 Habilitation, 1984 Dozent für Analysis, 1987 außerordentlicher Professor in Merseburg; 1992 Professor für Stochastik am Fachbereich Mathematik und Informatik der Martin–Luther–Universität; 1993–2000 geschäftsführender Direktor des Instituts für Stochastik; 1995–2000 Dekan des Fachbereichs, 1999–2000 Dekan der Mathematisch-Naturwissenschaftlichen Fakultät;

2000–2003 und seit 25.06.2003 (zweite Amtszeit) Rektor der Martin-Luther-Universität Halle-Wittenberg.

Arbeitsschwerpunkte: Stochastik, insbesondere stochastische Differentialgleichungen und damit zusammenhängende Schätz- und Steuerprobleme

Foto: Kai-Uwe Dietrich

Prof. Dr. Wilfried Grecksch,
Rektor der Martin-Luther-Universität
Halle-Wittenberg

Herr Ministerpräsident, Herr Staatssekretär, Herr Oberbürgermeister, Herr Kollege Slesina, sehr geehrte Damen und Herren Abgeordnete des Bundes- und Landtages, Magnifizenzen, Spectabilitäten, verehrte Festversammlung!

Zur diesjährigen traditionellen Disputation des Akademischen Senats zum Thema „Reformierung des Gesundheitssystems – oder: In welchem Gesundheitssystem wollen wir leben?" begrüße ich Sie sehr herzlich. Das Thema unseres heutigen Streitgespräches zeichnet sich durch hohe politische Aktualität und Brisanz aus. Es knüpft an die lebhaften Auseinandersetzungen in Wissenschaft und Politik über Probleme und erforderliche Weiterentwicklungen des Gesundheitssystems der Bundesrepublik an. Für jeden unbefangenen Beobachter ist klar, dass es bei der derzeitigen Gesundheitsreformdiskussion *nicht* primär um die Qualitätsverbesserung der Gesundheitsversorgung geht, sondern um Finanzfragen. Das gilt übrigens genauso für die gegenwärtige Hochschulreformdebatte. Auch hier ist die Haushaltssanierung das Hauptmotiv, die notwendige Verbesserung der Rahmenbedingungen für Forschung und Lehre und die Schlüsselstellung der Hochschulen für eine wissensbasierte Gesellschaft kommen dabei zu kurz. Wie ich bereits heute Vormittag in meiner Antrittsrede erwähnt habe, arbeitet die Universität gegenwärtig an einem Strukturkonzept, das die Erhaltung der Volluniversität und die Stärkung unserer Schwerpunkte zum wesentlichen Ziel hat und nicht vom Rotstift bestimmt wird.

Es ist nicht verwunderlich, dass es die Finanzierungsprobleme der gesundheitlichen Versorgung der Bevölkerung im Rahmen der gesetzlichen Krankenversicherung sind, die den Hauptzündstoff für die öffentliche Debatte liefern. neunzig Prozent der Bevölkerung unseres Landes sind als Mitglieder oder Mitversicherte über die gesetzliche Krankenversicherung abgesichert. Die steigenden Ausgaben und die Einnahmedefizite in der gesetzlichen Krankenversicherung haben über Beitragserhöhungen finanzielle Auswirkungen auf die Versicherten, aber auch auf die Lohnnebenkosten – und damit Auswirkungen weit über das Gesundheitssystem hinaus. Hinter den monetären Engpässen und Herausforderungen der gesetzlichen Krankenversicherung stehen nicht isolierte Einnahmen- und Ausgabenprobleme, sondern komplexe Zusammenhänge unserer Gesellschaft und ihrer Teilsysteme. Im Rahmen solcher gesamtgesellschaftlichen Zusammenhänge erzeugen die monetären Probleme der gesetzlichen Krankenversicherung einen großen Problemdruck auf das Gesundheitssystem in seiner inneren Ordnung und Gliederung, seinen Versorgungsbereichen, Funktionsweisen und Berufsgruppen. Im Blickfeld der kritischen Betrachtung stehen daher die inneren Strukturen des Gesundheitssystems mit seinen mannigfachen Institutionen, aber auch die Effektivität, die Effizienz und die Qualität der hier erbrachten Leistungen.

Die Entscheidungs- und praktischen Gestaltungsaufgaben bei der Weiterentwicklung des Gesundheitssystems sind dem politischen Raum vorbehalten. Der Beitrag der Wissenschaften zu den Reformerfordernissen liegt in der Analyse des Ist-Zustands und seiner Ursachen, in der Untersuchung des historisch gewachsenen Gesundheitssystems mit seinen Erfolgen wie Defiziten. Die Hinweise auf die großen Trends unserer Gesellschaft wie

- das demographische Altern, d. h. steigende Lebenserwartung der Bevölkerung bei stagnierender Geburtenziffer,
- die wirtschaftliche Globalisierung mit ihren Auswirkungen auf die nationalen Wirtschaftssysteme,
- der medizinisch-wissenschaftliche und technische Fortschritt

markieren allesamt wichtige Rahmenbedingungen und Einflussbereiche auf das Gesundheitssystem. Die Lösungen dieser Probleme erfordern aber viel Arbeit nach „innen".

Die Finanzierungsdiskussion kreist unter anderem um folgende Fragen:

- Erhaltung des Solidaritätsprinzips,
- Erschließung neuer Einnahmequellen durch Selbstbeteiligungen,
- Einführung einer die Gesamtbevölkerung umfassenden Krankenversicherung, Stichwort „Bürgerversicherung",
- paritätische Finanzierung durch Arbeitnehmer und Arbeitgeber,
- Ausgliederung versicherungsfremder Leistungen,
- Generationenvertrag und Generationsgerechtigkeit.

Bei der Diskussion zur Strukturreform der Versorgungsbereiche stehen Themen im Vordergrund wie:

- eine stärker integrierte Versorgung mit Blick auf den ambulanten und stationären Bereich,
- die stärkere Steuerung der Patientenströme, z. B. durch ein Hausarztprinzip,
- neue Versorgungsmodelle, z. B. in Form von Disease-Management-Programmen oder von Gesundheitszentren.

Heute geht es nicht um eine rein fachwissenschaftliche Auseinandersetzung mit dem Thema dieser Veranstaltung. Von hochrangigen Repräsentanten des Gesundheitssystems der Bundesrepublik und von hochrangigen Wissenschaftlern wurden Ordnungsentwürfe, Positionierungen und Orientierungspunkte für die Auseinandersetzung mit den aktuellen Problembereichen erbeten. In den drei Schritten der Thesenpräsentation, der Repliken und der Gegenrepliken wird das Thema entfaltet werden.

An dieser Stelle gebührt mein herzlicher Dank Herrn Kollegen Slesina, Sektionsleiter der Medizinischen Soziologie unserer Medizinischen Fakultät, der mit großem Engagement das wissenschaftliche Programm zusammengestellt hat. Der Teilnehmerin und den Teilnehmern der Disputation danke ich ebenfalls im Namen der Martin-Luther-Universität und der Leucorea für ihr Kommen und für ihre Beiträge.

Eröffnung

Innenhof der Stiftung LEUCOREA (Foto: Archiv LEUCOREA)

Eckhard Naumann,

geboren 1947 in Wittenberg; erlernte nach dem Abitur den Beruf eines Chemiefacharbeiters; von 1967 bis 1971 Studium der Verfahrenstechnik an der Technischen Hochschule für Chemie in Merseburg; 1971 Diplom-Ingenieur; von 1971 bis 1990 Tätigkeit im Stickstoffwerk Piesteritz – zuerst als Software-Entwickler und ab 1989 als Leiter des Rechenzentrums.

Im Jahre 1990 wurde Eckhard Naumann Bürgermeister der Lutherstadt Wittenberg. Seit 1990 ist er Oberbürgermeister dieser Stadt; im Jahre 2001 Wiederwahl in das Amt des Oberbürgermeisters der Lutherstadt Wittenberg

Foto: Foto-Studio Wilfried Kirsch

Eckhard Naumann,
Oberbürgermeister der Lutherstadt Wittenberg

Sehr geehrter Herr Ministerpräsident, Magnifizenz, sehr geehrte Disputanten, meine Damen und Herren,
als Oberbürgermeister begrüße ich Sie zur elften Disputation „Reformierung des Gesundheitswesens – oder: In welchem Gesundheitssystem wollen wir leben?" am Reformationstag in Wittenberg. Elfmal ein Themenstrauß, der schon viele Bereiche berührt hat. Immer wieder stellt diese Disputation aufs Neue eine Attraktion in Wittenberg dar. Ich hoffe, wir hören an diesem Tag nicht nur Argumente, sondern gewinnen Klarheit – Klarheit bei einem Thema, das im Moment alle interessiert und viele verwirrt.

Mit dem heutigen Reformationstag endet nach „Wittenberger Zeitrechnung" wieder ein besonderes Jahr – das Cranachjahr zum Gedenken anläßlich des 450. Todestages des Künstlers. Lucas Cranach war in Wittenberg jedoch weit mehr als ein Künstler. Er war Unternehmer, Politiker und auch Apotheker. Aus dieser Zeit ist uns eine Geschichte überliefert, die zu unserem Thema passt.

Im Juli des Jahres 1521 erhielt Kurfürst Friedrich der Weise einen Brief der Universität. Darin wird gegen den Apotheker der Stadt, eben jenen Lukas Cranach, Beschwerde geführt. Die Materialien seien nicht alle „frisch, gut und genugsam", außerdem zu teuer. Was bei Cranach für zwei Gulden zu erwerben ist, sei woanders für 14 Groschen erhältlich. Und überhaupt sollte „der Apotheker der Stadt der Universität geschworen sein". Das ist im Falle Cranachs offensichtlich nicht so. Die Universität bat deshalb um die Erlaubnis der Visitation durch den Gelehrten Dr. Pissitoris. Tatsächlich kam es auch auf Wunsch Cranachs, der sich selbstverständlich zu Unrecht verdächtigt sah, 1522 zur Visitation der Apotheke durch eine Universitätskommission. Über das Ergebnis ist uns allerdings nichts bekannt, die Geschichte legt den Mantel des Schweigens darüber.

Cranach war zu dieser Zeit auch Kämmerer unserer Stadt und Vorsteher des Heilig-Geist-Hospitals, das sich damals auf dem Gelände des heutigen Lutherhauses befand. Ob das Heilig-Geist-Hospital dadurch genötigt war, auf cranachsche Arzneien zurückzugreifen, ist uns leider auch nicht überliefert. Soviel zum Thema Gesundheitsreform im 16. Jahrhundert.

Von großer und ernsthafter Bedeutung im Zusammenhang mit dem Thema unserer Disputation ist aber auch ein anderes Ereignis aus Wittenberg – die Einführung des „Gemeinen Kastens". Durch die Auflösung der Klöster im Zuge der Reformation gerieten die Kranken- und Armenbetreuung sowie das Almosenwesen ins Wanken. Auf Initiative Luthers wurde daraufhin vom Magistrat der Stadt eine Steuer eingeführt, die von den betuchten Bürgern Wittenbergs entrichtet werden musste und in den Kasten für die Allgemeinheit abgeführt wurde. Dieses Geld diente fortan der Erfüllung sozialer und karitativer Aufgaben, die vorher kirchliche Einrichtungen wahrnahmen. Der „Gemeine Kasten" wird deshalb zurecht als der Vorläufer unseres solidarischen Sozialsystems angesehen.

Nun bin ich sehr gespannt darauf, was heute – am 31. Oktober, dem Tag des Thesenanschlags – zu unserem aktuellen Thema „Reformierung des Gesundheitswesens" entwickelt wird. An Brisanz mangelt es dem Thema nicht.

Professor Dr. Wolfgang Slesina,
geboren 1943 in Landau; Studium der Soziologie, Psychologie und Politischen Wissenschaft an der FU Berlin; 1970–1978 wiss. Mitarbeiter an der Fakultät für Soziologie, Universität Bielefeld, 1976 Promotion zum Dr. rer. soc.; 1978–1989 Hochschulassistent an der Medizinischen Fakultät, Universität Düsseldorf, 1985 Habilitation; 1990–1995 Oberassistent für Medizinische Soziologie, Universität zu Köln; seit 1995 Professor für Medizinische Soziologie an der Martin-Luther-Universität Halle-Wittenberg.

1992–1994 Mitglied der BMBF-Gutachterkommission Public Health; 1990–1991 u. 1995–1998 Vorstandsmitglied der Deutschen Gesellschaft für Medizinische Soziologie sowie 2001–2004 der Deutschen Gesellschaft für Sozialmedizin und Prävention; seit 2004 Leiter der Sektion Gesundheitswissenschaften der Stiftung Leucorea.

Forschungsschwerpunkte: Arbeitsbedingte Erkrankungen, Gesundheitsförderung im Betrieb, Qualitätsforschung im Gesundheitswesen, Medizinische und berufliche Rehabilitation, Ärzte und Selbsthilfegruppen.

Publikationen (Auswahl): Arbeitsbedingte Erkrankungen und Arbeitsanalyse (1987); M. Meye/W. Slesina: Zusammenarbeit von Ärzten und Selbsthilfegruppen (1990); W. Slesina/F. R. Beuels/R. Sochert: Betriebliche Gesundheitsförderung (1998); W. Slesina/K. Werdan (Hrsg.): Psychosoziale Faktoren der koronaren Herzkrankheit (2003)
Foto: privat

Wolfgang Slesina,
Martin-Luther-Universität Halle-Wittenberg

Magnifizenz, sehr geehrter Herr Ministerpräsident, sehr geehrter Herr Oberbürgermeister,
sehr geehrte Damen und Herren!
Die heutige wissenschaftliche Disputation am Reformationstag in den Räumen der Leucorea steht unter dem Thema „Reformierung des Gesundheitswesens – oder: In welchem Gesundheitssystem wollen wir leben?" Erlauben Sie mir, zunächst die Teilnehmer der Disputation herzlich zu begrüßen, sie vorzustellen und ihnen herzlich für ihr Kommen zu danken. Dabei möchte ich nach der Reihenfolge der Redebeiträge verfahren:

Ein herzliches Willkommen und der Dank gelten dem
- Ministerpräsidenten des Landes Sachsen-Anhalt, Herrn Prof. Dr. Wolfgang Böhmer, der als Experte des Gesundheitssystems und Ministerpräsident in diesem Kreise mitwirkt.
- Ich begrüße herzlich und danke für ihr Kommen Frau Dr. Doris Pfeiffer, Vorsitzende des Vorstands des Verbandes der Angestelltenkrankenkassen und des Arbeiter-Ersatzkassen-Verbandes.
- Ein herzlicher Gruß und Dank auch Herrn Prof. Dr. Johannes G. Gostomzyk, Präsident der Deutschen Gesellschaft für Sozialmedizin und Prävention.

Auf die drei Einführungsvorträge werden nach dem Brauch der Disputation die Repliken folgen. Hierzu begrüße ich herzlich und danke vielmals für ihre Mitwirkung

- Herrn Prof. Dr. Reinhard Turre, Präsident der Krankenhausgesellschaft Sachsen-Anhalt und zugleich Direktor des Diakonischen Werks in der Kirchenprovinz Sachsen,
- Herrn Dr. Georg Frank, Geschäftsführer der Bayer Bitterfeld GmbH, eines der wichtigsten Wirtschaftsunternehmen unseres Bundeslandes und
- Herrn Chefarzt PD Dr. Peter M. Jehle, Chefarzt für Innere Medizin am Paul-Gerhardt-Stift der Lutherstadt Wittenberg. Er hat sich freundlicherweise zur Mitwirkung bereit erklärt, weil der Präsident der Landesärztekammer aus privaten Gründen heute nicht teilnehmen kann.

Disputation bedeutet, mit wissenschaftlichen Argumenten über Inhalt und Bedeutung einer Sache zu streiten; im Englischen würde es heißen „to argue".

Die aktuelle gesundheitspolitische Diskussion in der Bundesrepublik über die Finanzierung und Organisation des Gesundheitssystems hat ihre Vorläufer. Bereits Anfang/Mitte der 1970er Jahre finden sich kritische Stellungnahmen und Prognosen, die heute – nach 30 Jahren – erstaunlich präzis zutreffen. Es finden sich die Themen der demographischen Alterung, des kostenintensiven medizinisch-technischen Fortschritts, der Leistungserweiterung und Kostensteigerung (die an Grenzen der Finanzierbarkeit führen können), es finden sich bereits Hinweise auf Über- bzw. Fehlversorgung, auf Probleme der Versorgungs- und Verteilungsgerechtigkeit, der Notwendigkeit zur Steigerung der Effektivität und Effizienz medizinischer Leistungen sowie zur Weiterentwicklung von Versorgungsstrukturen.

Die Wissenschaft gliedert Gesundheitssysteme in die beiden Bereiche der „Gesundheitsversorgung" und der „Gesundheitssicherung". Aufgabe der Einrichtungen der Gesundheitsversorgung ist der Schutz, die Erhaltung, die Besserung oder Wiederherstellung der Gesundheit der Bevölkerung. Den Einrichtungen der Gesundheitssicherung obliegt es insbesondere, die dafür notwendigen Leistungen zu finanzieren.

Nicht alle Bereiche der Gesundheitsversorgung und Gesundheitssicherung stehen gleichermaßen im Brennpunkt der öffentlichen Debatte. Die wissenschaftliche und öffentliche Diskussion konzentriert sich zum einen auf die Finanzierungsgrundlagen und die Ausgabenstrukturen der gesetzlichen Krankenversicherung – die in diesem Jahr auf ihr 120-jähriges Bestehen zurückblickt. Die Auseinandersetzung bezieht sich u. a. auf bisherige Kernelemente und Grundprinzipien der sozialen Sicherung wie das Solidaritätsprinzip und die paritätische Beitragsfinanzierung oder auf die alternative Forderung nach verstärkter Selbstverantwortung und Eigenbeteiligung des Einzelnen.

Der zweite Brennpunkt der Diskussion betrifft die erforderlichen Strukturreformen des Versorgungssystems und seiner Steuerungsmechanismen. Die vorliegenden politischen Gestaltungsentwürfe orientieren sich an den Zielen der Bedarfsgerechtigkeit, der verstärkten Effektivität, Effizienz und Qualität sowie der Patientenbeteiligung.

Solche Diskussionen und die anstehenden Veränderungen im Gesundheitssystem wirken auch tief in den Wertebereich der Gesellschaft hinein. Sie berühren Werte der Solidarität, der Versorgungsgerechtigkeit, der Patientenorientierung und der Ethik.

Aus Sicht der Wissenschaft kommt es darauf an, epidemiologisch fundierte, wissenschaftlich gestützte Versorgungsstrukturen für unser Land – auch für unser Bundesland – zu entwickeln, wie es auch Anliegen medizinsoziologischer und sozial-epidemiologischer Forschung ist.

Das im Herbst 2003 verabschiedete GKV-Modernisierungsgesetz hat ein Bündel von Maßnahmen mit dem Ziel der Kostenbegrenzung und der Beitragssatzsenkung bei gleichzeitigen Kostenverlagerungen beschlossen. Doch schon jetzt hat die weiterführende Diskussion über grundlegende Organisation- und Finanzierungsreformen begonnen, die eine gesundheitliche Versorgung und Sicherung der Bevölkerung in der Zukunft gewährleisten sollen. Das Gesundheitssystem der Bundesrepublik Deutschland hat zweifellos auch international einen hohen Leistungsstand vorzuweisen, aber es erfordert erhebliche Neuadjustierungen und Reformierungen. Die heutige Disputation gibt die Möglichkeit zum Austausch, zum Nachvollzug und zur Prüfung der Argumente.

Disputation

Professor Dr. Wolfgang Böhmer,

geboren 1936 in Dürrhennersdorf (Oberlausitz); Medizinstudium an der Karl-Marx-Universität Leipzig, 1959 Promotion zum Dr. med., 1983 Habilitation; 1960–1973 Arzt in der Görlitzer Frauenklinik; 1974–1991 Chefarzt im Krankenhaus Paul-Gerhardt-Stift in Wittenberg.; seit 1995 Honorarprofessor an der Medizinischen Fakultät der Martin-Luther-Universität Halle-Wittenberg.

Politische Laufbahn: 1990–2002 CDU-Landtagsabgeordneter; 1991–1993 Minister der Finanzen des Landes Sachsen-Anhalt; 1993–1994 Minister für Arbeit und Soziales des Landes Sachsen-Anhalt; 1998 Wahl zum CDU-Landesvorsitzenden; Juli 2001–April 2002 Vorsitzender der CDU-Fraktion im Landtag von Sachsen-Anhalt; 1998–2002 Vizepräsident des Landtages von Sachsen-Anhalt, Mitglied im Ausschuss für Arbeit, Gesundheit und Soziales sowie im Ausschuss für Finanzen; seit 16. Mai 2002 Ministerpräsident des Landes Sachsen-Anhalt.

Gesellschaftliches Engagement: Mitglied der Sozialkammer der Evangelischen Kirchen in Deutschland; 1994–2002 Mitglied im Vorstand der Stiftung Leucorea; 1994–2000 Mitglied des Hauptausschusses des Diakonischen Werkes der Kirchenprovinz Sachsen; 1994–2001 Mitglied im Vorstand der Paul-Gerhardt-Stiftung Wittenberg; 1997–2002 Kuratoriumsmitglied der Stiftung Luthergedenkstätten in Sachsen-Anhalt

Foto: Archiv Landesregierung Sachsen-Anhalt

In welchem Gesundheitswesen wollen wir leben?

Wolfgang Böhmer

Nach der Einführung von Herrn Professor Grecksch kann ich es mir relativ leicht machen. Einen großen Teil der Zielkonflikte hat er ja schon genannt. Wenn ich mein Thema mit denen der anderen Disputanten vergleiche, habe ich das einfachste aufgetragen bekommen – nur aufzuzählen, worüber wir uns streiten. Das ist natürlich noch keine Lösung, das weiß ich auch.

Wenn es darum geht, die Frage zu beantworten, in welchem Gesundheitssystem wir leben wollen, sind wir uns wohl schnell einig. Wir wollen ein Gesundheitssystem, das jedem unter uns zu jeder Zeit die medizinisch notwendigen Leistungen garantiert – sehr unstrittig. Wir wollen ein Gesundheitssystem, das dazu die notwendigen Kosten solidarisch aufbringt – auch dies wohl sehr unstrittig, zumal wir uns nicht fragen, was mit „solidarisch" genau gemeint ist. Wir wollen ferner ein Gesundheitssystem, das der wirtschaftlichen Wettbewerbsfähigkeit des Landes nicht schadet. Bei der Frage, wie wir all dies erreichen wollen, und bei der Definition der unbestimmten Begriffe fangen die Zielkonflikte an. Zielkonflikte gab es schon in früheren Generationen, auch wir müssen uns ihnen stellen und künftige Generationen werden ihre Antwort darauf finden müssen. Wir wissen aber – und das ist schon häufig genug gesagt worden – das bestehende bisherige System ist aus den Fugen geraten, die gesetzlichen Krankenkassen erwirtschaften wieder Defizite. Es muss zunächst stabilisiert werden. Dies haben wir mit dem Gesetz zur Modernisierung der Krankenversicherung versucht, und wie ich hoffe, für etwa vier Jahre erreicht. Mehr hat niemand ernsthaft behauptet. Danach muss das System reformiert werden. Auch darüber sind wir uns einig. Wenn wir aber in die Diskussion über die Wege zum Ziel eintreten, sind wir völlig zerstritten. Das ist die gegenwärtige Situation.

Gleichviel hielte ich es für einen guten Vorschlag, heute der reformationsgeschichtlichen Ereignisse nicht nur zu gedenken, indem wir uns darüber unterhalten, was sich vor fast 500 Jahren hier in Wittenberg zutrug, sondern die Reformation der Probleme der Gegenwart in den Mittelpunkt zu stellen. Da wird nämlich deutlich, wie sehr es den Nerv einer Gesellschaft trifft, über solche Themen kontrovers reden zu müssen.

Die Reformierung des Gesundheitswesens muss erreichen, die Einnahmesituation der GKV lohnnebenkostenunabhängig und demographieresistent zu stabilisieren. Für dieses Problem gibt es noch keine Lösung. Es muss ferner erreicht werden, die Ausgabensituation auf das medizinisch Notwendige zu begrenzen. Dies ist einfach gesagt, aber es bedeutet: Wir müssen definieren, was „medizinisch wirklich notwendig ist" und – genauso schwierig – „wer" darüber entscheiden soll. In diesen Punkten gehen die gesundheitspolitischen Vorstellungen noch völlig auseinander oder durcheinander. Wir müssen die soziale Ausbalancierung der Kostenbelastung neu entscheiden und uns darüber verständigen, wie die individuelle Belastbarkeit einigermaßen gerecht ermittelt werden kann.

Ich habe nicht vor, Sie mit Zahlen zu quälen, aber einige will ich schon nennen.

Die medizinische Entwicklung schreitet, grundsätzlich wohl von uns allen bejaht, voran. Aber sie trägt damit auch zur weiteren Kostenentwicklung im Gesundheitswesen bei. Einige Zahlen dazu: Die Gesundheitsausgaben in Deutschland betrugen im Jahr 1992, also schon nach der Wiedervereinigung, 2 020 € pro Einwohner und zehn Jahre später 2 740 € pro Einwohner. Das ist ein Anstieg von 35,6 Prozent, der deutlich über dem Anstieg des erwirtschafteten Bruttoinlandproduktes im gleichen Zeitraum liegt. Der Jahresbeitrag für die GKV-Versicherten ohne Rentner betrug im Jahr 1992 2 263 € und ist auf 2 983 € angestiegen. Dies ist eine Steigerung von 31,8 Prozent. Seit 1999 ist die Haushaltssituation der gesetzlichen Krankenversicherung wieder defizitär.

Auch die vorhin schon erwähnte demographische Entwicklung wirkt sich auf die GKV und mehr noch auf die Rentenversicherung aus. Während im Jahr 2002 auf 100 Erwerbstätige der Altersgruppe 20 bis 65 Jahre 27 Rentner kamen, werden es den Demographen zufolge im Jahr 2020 37 und im Jahr 2050 56 Rentner sein. Zu diesem demographischen Wandel kommen die Veränderungen des Arbeitsmarktes hinzu, die ebenfalls weitgehend irreversibel sein dürften. Während früher mit einem Vollzeitbeschäftigungsverhältnis von ungefähr 83 Prozent der Arbeitnehmer gerechnet wurde, liegt der Wert gegenwärtig bei knapp 65 Prozent. Diese Entwicklung wird wahrscheinlich weitergehen. All dies hat Einfluss auf die Einnahmesituation der gesetzlichen Krankenversicherung und muss bei zukünftigen Reformvorstellungen berücksichtigt werden.

Doch nun zu den Zielkonflikten. Politisch ist zu klären, wer über das „medizinisch Notwendige" entscheiden soll.

Die Auffassungen gehen hier weit auseinander. Die Krankenhausverwaltungsdirektoren haben bereits unter Anlegung des Maßstabs des „medizinisch Notwendigen", Abrechnungskürzungen im Umfang von 5 Prozent oder 6 Prozent für erbrachte Leistungen ihrer Häuser hinnehmen müssen. Das ist schon Realität. Derzeit prüft und beurteilt der medizinische Dienst der Krankenkassen diese Fragen.

Das Ausgabenverhalten im Medizinbereich wird zum Teil von externen Faktoren beeinflusst, die nicht so oft erwähnt werden, beispielsweise der Strafjustiz. Eine ganze Reihe von Urteilen zwingen den Arzt zu seiner eigenen Absicherung zu Handlungen, die von den Krankenkassen als unnötige Doppeluntersuchungen gewertet werden. Hier besteht eine Situation, die aufgearbeitet werden muss.

Wer soll über das „medizinisch Notwendige" entscheiden? Soll es der Gesetzgeber sein? Diese Forderung kam z. B. gestern von Befürwortern der Positivlisten. Dem Bundesrat lag schon einmal eine Positivliste mit 8 000 bis 9 000 Medikamenten zur Entscheidung vor. Aber sollen darüber Politiker entscheiden, die diese Medikamente nicht kennen und keine eigene Beurteilungsgrundlage haben? Unserer Auffassung nach sind hier die Fachgesellschaften gefordert. Doch es ist bekannt, wie mühsam es auch für Fachgesellschaften ist, einen gemeinsamen Nenner zu finden. Das GKV-Modernisierungsgesetz sieht vor, dass die Selbstverwaltungskörperschaften ein Zentrum für Qualitätskontrolle in der Medizin gründen, damit unabhängig von den politisch Verantwortlichen und von den Finanzverantwortlichen der Versicherungssysteme möglichst auf wissenschaftlicher Grundlage entschieden wird, was „medizinisch notwendig" ist. Es ist zu hoffen, dass dieses System funktionieren wird.

Das Ziel der Ausgabenbegrenzung wird ein unverzichtbares Element aller zukünftigen Reformen des Gesundheitswesens sein. Strukturreformen zur Vermeidung systembedingter Mengenausweitungen werden nötig. Das ist nicht immer angenehm, aber andernfalls wird eine Steuerbarkeit der Kostenentwicklung nicht möglich sein. Mit der letzten Reform wurden wenigstens zwei Dinge erreicht: zum einen die Verankerung des Morbiditätsrisikos im Verantwortungsbereich der Krankenkassen, zum andern die Verankerung des finanziellen Risikos von Leistungsausweitungen im Verantwortungsbereich der Leistungserbringer.

Zum nächsten Zielkonflikt gehört die Steuerung der Kostenentwicklung durch „Selbstbeteiligung der Versicherten". Wir müssen für die Zukunft neu entscheiden, ob die Solidargemeinschaft für selbstverschuldete Morbidität überhaupt – in vollem Umfang oder teilweise – aufkommen muss. Es ist eine Definitions- und Vereinbarungsfrage. Diese Frage lässt sich sehr schön diskutieren, aber es ist mühsam, sie praktisch umzusetzen. Beim Extremsport scheint es noch relativ einfach zu sein. Die meisten Unfälle ereignen sich aber durch Freizeitsport von Menschen, die dafür nicht trainiert sind. Doch Freizeitsport wollen wir und deshalb wird man die Behandlung sportbedingter Verletzungen nicht aus dem GKV-Leistungskatalog herausnehmen können. Dabei ist dieses Verhaltensrisiko noch objektivierbar. Beim übermäßigem Alkohol- oder Nikotinkonsum wird die Objektivierung schon schwieriger und eine daran anschließende Konsequenz, d. h. Selbstbeteiligung, nicht machbar. Die Höhe von Versicherungsbeiträgen kann nicht davon abhängig gemacht werden, ob jemand „gelbe Finger" hat oder nicht. All dies ist praktisch nicht umsetzbar. Wir werden daher das Problem nur lösen, wenn die aus Risikoverhaltensweisen (wie

Rauchen) kommenden Steuereinnahmen zur Substituierung der Ausgaben im Gesundheitssystem eingesetzt werden können. Vergleichbare Probleme, wie bei der finanziellen Selbstbeteiligung bei Risikoverhalten, ergeben sich bei der individuellen Prophylaxe. Doch ohne ein bestimmtes Bonus- oder Malussystem, mit dem die Nutzung von Prophylaxeangeboten belohnt oder deren Nichtnutzung belastet wird, kann ein zukünftiges Gesundheitssystem nicht einigermaßen gerecht gesteuert werden. Ohne Mitfinanzierung aus dem Steuersystem wird eine gerechte Finanzierung der Gesundheitsleistungen nicht organisiert werden können. Aber ohne eine bestimmte, wie auch immer strukturierte Kostenbeteiligung der Versicherten wird eine Mengenausweitung nicht beherrschbar sein.

Ein weiterer Zielkonflikt verbindet sich mit den von Ökonomen vorgeschlagenen Instrumenten zur Effizienzsteigerung: der berühmte Konflikt zwischen Ethik und Monetik.

Es ist sicher richtig, dass die Leistungsbewertung der sogenannten sprechenden Medizin noch nicht angemessen gelöst ist. Diese Kritik kommt insbesondere aus dem Bereich der ambulant tätigen Ärzte. Es ist auch richtig, dass man Effizienz von stationären Einrichtungen erhöhen kann, wenn man keine Rücksicht auf die Patienten nimmt. Es gibt Klinikorganisationen, die ihre Rendite erzielen, indem sie die Patienten bei der Unterbringung und Pflege nach Pflegekategorien einteilen. Sobald der Patient nicht mehr beatmet werden muss, selber trinken kann und klingeln kann, wenn er z. B. einen Schieber braucht, kommt er in die nächste Pflegekategorie mit weniger Personal, weniger Personalkosten und veränderter Arbeitsorganisation für die Mitarbeiter. Sobald er das Bett verlassen und sich selber einigermaßen pflegen kann, kommt er in den Pflegebereich 1, wo er bei weniger Personal noch weniger Kosten verursacht, weil der Patient mehr selber machen kann. Das ist organisierbar und es gibt Krankenhäuser, die so funktionieren. Doch habe ich volles Verständnis für den Patienten, der sich in einem solchen Krankenhaus fühlt, als wenn er in einer Fabrik auf dem Fließband liegt. Der Patient möchte ja nicht nur gesunden, er möchte auch ein bisschen als Mensch akzeptiert und angenommen werden und ein bisschen zwischenmenschliche Fürsorge erhalten. Er wird sich in einem solchen Krankenhaus nicht wohl fühlen.

Wir müssen entscheiden, was uns welche Betreuungsform wert ist. Was wollen wir Patienten aus Effizienzgründen zumuten, damit es nicht zu teuer wird, und was wollen wir lieber mitbezahlen, damit sich der Patient in einem System der Gesundheitsbetreuung noch umsorgt fühlt? Diese Frage wird auch in Zukunft wahrscheinlich von Generation zu Generation neu entschieden werden müssen.

Es wurden schon andere Konfliktbereiche genannt: lohngebundenes oder nicht lohngebundenes Versicherungssystem. Das lohn- und tarifabhängige, aus der bismarckschen Regierungszeit stammende Versicherungssystem hat über 100 Jahre in Deutschland eine soziale Sicherheit ermöglicht, um die uns die meisten Staaten dieser Welt beneidet haben. Es trifft aber zu, dass die Staaten, mit denen Deutschland heute in einem wirtschaftlichen Wettbewerb steht und die höhere Wachstumsraten aufweisen, gewiss kein tarifunabhängiges Versicherungssystem bei sich einführen werden. Daher müssen wir Lösungen für uns finden. Wir müssen darüber diskutieren, ob wir aus der Pflichtversicherung eine Versicherungspflicht machen, ob wir die lohngebundenen Tarife der GKV beibehalten, wohl wissend, dass der Partialanteil der Arbeitslöhne am sogenannten Einkommen der Durchschnittsbevölkerung immer geringer wird, weil nicht lohnabhängige Einkommensbestandteile einen relativ größeren Anteil von Jahrzehnt zu Jahrzehnt ausmachen. Dann müssen wir andere Grundlagen für die Versicherungsbeiträge finden. Es hätte zur Konsequenz, dass am Jahresende mit der Jahresteuerveranlagung die endgültige Versicherungssumme vom Finanzamt errechnet wird. Es wäre eine völlige Umstellung des Systems. Ich bin jedoch der Meinung, dass dieses System zukunftsfähiger sein wird, als das gegenwärtige. Wir werden darüber entscheiden müssen.

Die nächste Frage lautet, wie viel aus Versicherungsbeiträgen und wie viel aus dem Steuersystem aufgebracht werden soll. Andere Länder haben andere Finanzierungssysteme. Länder wie England, Kanada u. a., mit einem weitgehend staatlich orientierten Gesundheitswesen, finanzieren es über das Steuersystem. Aber man muss sich klar machen, das diese Länder mindestens die gleichen Schwierigkeiten wie wir haben. Auch dort werden die Probleme nicht konfliktfrei diskutiert. Wir werden in unserem Land darüber sprechen müssen, welche Leistungen, weil sie einer individuellen Risikobeurteilung zugänglich sind, aus dem solidarischen Finanzierungssystem ausgegliedert werden und welche nicht. Das ist im begrenztem Umfang möglich, z. B. erscheint ein Bonussystem beim Zahnarzt und ähnliches durchaus verantwortbar, anderes hingegen nicht. Wir werden weiterhin über Zuzahlungsregelungen sprechen müssen.

Die eigentlichen Konflikte innerhalb des Systems sind durch divergierende oder antagonistische Partialinteressen bedingt. Nur einige kurze Hinweise. Nachdem jetzt im August zur Stabilisierung der GKV-Finanzen eine Reform für die nächsten vier Jahre vereinbart wurde, habe ich fast einen Wäschekorb voller Protestbriefe erhalten.

Sie waren alle nach dem gleichen Muster gewirkt: Wir sehen ein, dass etwas geschehen muss, wir sehen ein, dass gespart werden muss. Aber in dem Bereich, wo wir unser Geld verdienen, ist es verantwortungslos und schlimm. Die forschende Pharmaindustrie klagt, wenn der Patentschutz nicht verlängert und die Preisgestaltung nicht freigegeben werde, würden Forschungskapazitäten in Deutschland abgebaut und Tausende von Menschen würden arbeitslos. Schuld daran – die Politik. Arzneimittelfirmen klagen über Regelungen zum Arzneimittelhandel, Stichworte: Abstandsgebot bei Re-Importen, Preisbindung bei Generika, durch die Arbeitsplätze vernichtet würde und der Wirtschaftsstandort Deutschland zerstört werde. Die Apotheker klagen über die Aufhebung des Mehrbesitzverbotes, sehen dadurch das Verhältnis zwischen Apotheker und Patient gestört und unwägbare Gesundheitsrisiken für die Patienten aufgrund künftig unkontrollierter Medikamenteneinnahme. Die Ärzte forderten eine Gehaltsanpassung Ost an West, aber auch West an Nord, weil die Norweger mehr bezahlen und viele Ärzte aus Deutschland nach Norwegen und der Schweiz gehen. Andernfalls komme es zu noch mehr Abwanderung von Ärzten. Die Krankenversicherungen, die jahrelang die Krankenhäuser budgetiert haben und jetzt selbst budgetiert werden sollen, klagen, das System werde dann zusammenbrechen und die Aufgaben würden nicht erfüllt werden können. Nur beiläufig erwähnt sei der Konflikt zwischen stationär tätigen und ambulant tätigen Ärzten, auch dies ein weites Feld.

Das alles sind Konflikte innerhalb des Systems. Ich halte sie für ganz normal in einer nach Funktionsaufteilung funktionierenden Gesellschaft.

Wenn Sie mich aber fragen, wie Politik mit diesen Problemen fertig werden will, kann ich nur antworten:

Wir werden uns zusammenraufen müssen, weil die Entscheidungszwänge so groß sind, dass wir einfach nicht anders können. Da geht es nicht mehr um parteiübergreifende Zusammenarbeit – die ist auch nicht einfach, ab er sie gelingt uns gelegentlich –, dabei geht es vor allen Dingen auch um interessengruppenübergreifende Zusammenarbeit, um jeweils den möglichen – und ganz vorsichtig gesprochen – Minimalkonsens zu finden zwischen dem, was notwendig und fast allen bekannt ist, und dem, was umsetzbar und mehrheitsfähig ist. Aber die Möglichkeit eines großen Wurfs, der für lange Zeit die Probleme lösen wird, sehe ich nicht. Denn die Tatsache, dass sich die medizinischen Möglichkeiten von Jahr zu Jahr erweitern, dass etwa alle zehn Jahre die Menschen durchschnittlich fast ein Jahr älter werden etc., wird das System immer wieder vor finanzielle Anpassungserfordernisse stellen und Entscheidungen nötig machen, wie dies finanziert werden soll und was uns Gesundheit wert ist.

Als letztes vielleicht noch ein Satz von Voltaire: „In der ersten Hälfte des Lebens opfern wir die Gesundheit, um Geld zu erwerben. In der zweiten Hälfte opfern wir Geld, um die Gesundheit wieder zu erlangen".

Dieser Satz ist dreihundert Jahre alt. Er war damals schon richtig und ich habe den Verdacht, er wird richtig bleiben.

Blick in den Saal der Stiftung LEUCOREA während der Disputation, in der ersten Reihe das Rektorat der Martin-Luther-Universität Halle-Wittenberg, v. l. n. r.: der Rektor, Prof. Dr. Wilfried Grecksch, Prof. Dr. Hans-Joachim Solms, Prorektor für Strukturentwicklung und Finanzen, Prof. Dr. Reinhard Neubert, Prorektor für Forschung, wissenschaftlichen Nachwuchs und internationale Beziehungen und Prof. Dr. Wolfgang Schenkluhn, Prorektor für Studium und Lehre (Foto: Norbert Kaltwaßer)

Dr. Doris Pfeiffer,

geboren 1959 in Düren; 1978–1984 Studium der Volkswirtschaftslehre (Universität zu Köln u. Pennsylvania State University, PA, USA); 1985–1988 Wiss. Mitarbeiterin am Forschungsinstitut für Sozialpolitik der Universität zu Köln; 1988 Lehrauftrag an der „Kölner Schule – Institut für Publizistik e. V."; 1989 Promotion zum Dr. rer. pol.; 1989–1991 Referentin für Ordnungspolitik, Abt. Verbandspolitische Planung des AOK-Bundesverbandes, Bonn; 1992 Referentin für Grundsatzfragen bei der Deutschen Krankenhausgesellschaft, Düsseldorf; 1992–1995 Wiss. Mitarbeiterin beim Verband der Angestellten-Krankenkassen e. V./Abteilung Verbandspolitische Grundsatzfragen; 1995–2003 Abteilungsleiterin für Verbandspolitik – Marktsicherung – Öffentlichkeitsarbeit; seit Oktober 1999 Mitglied des Vorstands und des Beirats aus Wissenschaft und Praxis der Sozialpolitik, Zeitschrift „Sozialer Fortschritt" der Gesellschaft für Sozialen Fortschritt e.V., Bonn; seit Januar 2001 Lehrauftrag an der Fachhochschule Oldenburg, Wilhelmshaven/Emden; seit Dezember 2002 Vorstandsmitglied des Trägervereins des Forschungsinstituts für Europäische Gesundheitspolitik und Sozialrecht e. V. i. G., Frankfurt/Main; seit 1. Oktober 2003 Vorsitzende des Vorstandes des Verbandes der Angestellten-Krankenkassen e. V. (VdAK) und des AEV – Arbeiter-Ersatzkassen-Verbandes e. V.

Foto: Lichtbildatelier Schafgans Bonn

Gesundheitsreform aus Sicht der gesetzlichen Krankenversicherung: Was sollte sich ändern?

Doris Pfeiffer

Ich freue mich, in gesundheitspolitisch so bewegten Zeiten an diesem Meinungsaustausch teilnehmen zu können. Dass immer noch ein derart großer Diskussionsbedarf besteht, mag fast erstaunen, denn schließlich ist die aktuelle Gesundheitsreform gerade eben erst in trockenen Tüchern. Dennoch wird an allen Fronten und auf allen Ebenen heftig weiter diskutiert. Die alte Fußballerweisheit „nach dem Spiel ist vor dem Spiel" scheint auch auf das Gesundheitswesen zuzutreffen – nach der Reform ist vor der Reform!

Vor lauter Diskussionsfreude übersehen aber einige scheinbar, dass mit dem „Gesetz zur Modernisierung der gesetzlichen Krankenversicherung" bereits an einigen Stellschrauben im System gedreht wird. Auch wenn diese Veränderungen nicht nur zum Positiven ausfallen – ich denke da insbesondere an die einseitige Mehrbelastung von Versicherten und Patienten –, hält das Reformwerk doch gleichzeitig vielversprechende Neuregelungen bereit, etwa durch die Stärkung der integrierten Versorgung oder die vorgesehenen Maßnahmen zur Qualitätssicherung. Statt weiter den Teufel an die Wand zu malen und radikale Systemwechsel heraufzubeschwören, muss es jetzt vorrangig darum gehen, die Reform umzusetzen und die daraus resultierenden Chancen und Möglichkeiten im Interesse der Versicherten und Patienten zu nutzen. Dass darüber hinaus weiterer Reformbedarf besteht, ist allerdings unbestritten, weil auch die aktuelle Reform nicht alle Probleme unseres Gesundheitssystems auf einen Schlag zu lösen vermag. Ihre Liste ist dafür zu lang: Qualitäts- und Effizienzdefizite in der gesundheitlichen Versorgung, eine zunehmende Einnahmeschwäche der gesetzlichen Krankenversicherung, kaum Wettbewerb bei den Anbietern und ein unfairer Kassenwettbewerb. Ein erster Schritt zur Lösung ist nun getan, weitere müssen mittel- bis langfristig folgen.

Alle bisherigen Reformdiskussionen im Gesundheitswesen haben vor allem eins gemeinsam: An Vorschlägen hat es noch nie gemangelt. So schnell allerdings, wie einige Ideen aufkamen, waren sie auch wieder verschwunden, denn eilfertige Reformvorschläge ohne eine ausführliche und sachliche Problemdiagnose haben noch nie zum Ziel geführt, sondern höchstens in die Irre. Auch der aktuellen Diskussion würde ein wenig mehr Sachlichkeit sicherlich gut tun, da die These von der ständig steigenden Abgabenquote, von der die Wettbewerbsfähigkeit des Standortes Deutschland angeblich negativ beeinträchtigt wird, empirisch kaum haltbar ist. Unsere Abgabenquote stellt im internationalen Vergleich nämlich gar nicht das zentrale ökonomische Problem dar. Im Gegenteil: Sie ist deutlich niedriger als im EU- oder OECD-Durchschnitt.

Die Vorzüge unseres Sozialsystems werden in dieser Standortdebatte völlig unzureichend bedacht. Das liegt daran, dass die positiven Auswirkungen nicht so einfach zu berechnen sind wie die Kosten der sozialen Sicherung. Dabei ist es offensichtlich, dass die Bedeutung der sozialen Absicherung in Zeiten dynamischer Umwelten immer weiter ansteigt. Je mehr Flexibilität und Mobilität der

Bevölkerung im beruflichen und gesellschaftlichen Leben abverlangt wird, umso bedeutsamer ist für die Menschen die Zuverlässigkeit und Leistungsfähigkeit sozialer Sicherungssysteme. Erst der soziale Schutz schafft das Vertrauen und die Sicherheit, um den aktuellen und künftigen Herausforderungen gewachsen zu sein. In diesem Sinne ist soziale Sicherheit ein wichtiger Produktionsfaktor für moderne Gesellschaften.

Lassen wir uns deshalb nichts vormachen: Unser Gesundheitssystem hat – trotz einiger nachgewiesener Mängel – immer noch überragende Vorteile gegenüber allen anderen Systemen. Anstatt ständig die Systemfrage zu stellen, müssen vielmehr die eigentlichen Probleme angegangen werden. Eindeutig der falsche Weg sind dabei die mittlerweile in verschiedenen Modellvarianten diskutierten „Kopfprämien". Diese tragen nicht zur Lösung, sondern zur Schaffung einer Vielzahl neuer Probleme bei. Das hat das Beispiel Schweiz deutlich gezeigt. Hier sind die Steigerungsraten bei den Gesundheitsausgaben deutlich höher als in Deutschland. Sobald sich nämlich, wie in der Schweiz, der Arbeitgeber aus der Finanzierung der sozialen Absicherung zurückziehen kann, fehlt der Druck auf die Politik zu ausgabenbegrenzenden Maßnahmen. Daneben erwachsen aus der Verlagerung des Solidartransfers ins Steuersystem schwer kalkulierbare Finanzrisiken für die öffentlichen Haushalte. Besonders fatal ist, dass vor allem Geringverdiener durch „Kopfprämien" zusätzlich belastet werden.

Dass die Einnahmeseite immer noch einen Problembereich der GKV darstellt, ist andererseits offensichtlich – das zeigen schon die immer weiter gestiegenen Beitragssätze. Seit Jahren müssen wir eine zunehmende Einnahmeschwäche feststellen, die unter anderem begründet ist durch ein mäßiges Wirtschaftswachstum und eine anhaltend hohe Arbeitslosigkeit. Vor allem aber ist diese Einnahmeschwäche politisch induziert. Jahrelang schon werden der gesetzlichen Krankenversicherung zur Entlastung öffentlicher Haushalte und anderer Sozialversicherungszweige zusätzliche Lasten aufgebürdet. Diese Politik der „Verschiebebahnhöfe" hat die gesetzliche Krankenversicherung seit 1995 um 30 Milliarden Euro zusätzlich belastet. Ohne sie wäre ein solcher Finanzdruck, wie wir ihn heute beobachten, gar nicht erst entstanden. Es liegt also auf der Hand, dass für eine Stabilisierung der GKV-Finanzen zunächst die bisherigen „Verschiebebahnhöfe" zurückgeführt und neue vermieden werden müssen.

Ein weiteres Problem manifestiert sich an der sogenannten Versicherungspflichtgrenze. Höherverdienenden Beschäftigten ist es heute ohne plausible Begründung möglich, sich der solidarischen Krankenversicherung zu entziehen. Diese „Unsystematik" – und damit die Risikoselektion der privaten Krankenversicherung – muss endlich beendet werden. Die Ersatzkassen fordern deshalb seit langem die Aufhebung der Versicherungspflichtgrenze. Damit befürworten sie ein wesentliches Element der Bürgerversicherung.

Bei aller Diskussion um die Neugestaltung der Finanzierung dürfen aber die Strukturprobleme im deutschen Gesundheitswesen nicht außer Acht gelassen werden. Veränderungen auf der Finanzierungsseite sind erst dann zielführend, wenn vorher die Qualitäts- und Wirtschaftlichkeitsdefizite beseitigt werden. Mangelhaft abgestimmte Prozesse und Strukturen beim medizinischen Angebot haben bislang zu einem stetigen Ausgabenanstieg geführt. Im Zuge der aktuellen Reform soll sich hier einiges ändern. Jetzt kann es endlich losgehen mit der integrierten Versorgung. Die Ersatzkassen versprechen sich viel von dieser neuen Versorgungsform. Während bislang

Doppel- und Mehrfachuntersuchungen nicht nur zu finanziellen, sondern auch zu körperlichen Belastungen für die Patienten führten, werden nun die Kooperation und die Koordination der unterschiedlichen Leistungserbringer deutlich gestärkt. Die Vernetzung zwischen Ärzten, Krankenhäusern und weiteren Berufsgruppen bewirkt, dass die isolierte Einzelpraxis bald der Vergangenheit angehören wird. Die Folge für die Patienten: eine merkliche Verbesserung von Qualität und Effizienz der Versorgung.

Die Beseitigung von Schnittstellen ist damit ein wichtiger Schritt zur Weiterentwicklung der gesundheitlichen Versorgung; ein zweiter ist die Schaffung von Wettbewerb beim Leistungsangebot. Auch dazu bietet das GKV-Modernisierungsgesetz erste Ansätze, etwa durch die Öffnung der Krankenhäuser für die ambulante Versorgung, durch medizinische Versorgungszentren oder den Versandhandel bei Arzneimitteln. Maßgabe künftiger Reformen muss es sein, diesem „zarten Pflänzchen" Wettbewerb zwischen den Leistungserbringern weitere Nahrung zu geben.

Auch beim Wettbewerb der Krankenkassen untereinander besteht immer noch Reformbedarf. Seit Jahren führen die einseitigen Möglichkeiten für die Neugründung und Öffnung von Innungs- und Betriebskrankenkassen zu einer massiven Schieflage im Kassenwettbewerb. Der Gesetzgeber hat nun erste Schritte unternommen, um diese unfairen Rahmenbedingungen zu Lasten der Kranken und Alten zu beseitigen. Allerdings reichen die Ansätze im aktuellen Reformwerk nicht aus, die Nachteile der Versorgerkassen zu beseitigen. Weiterhin krankt der Kassenwettbewerb an einer Fehlkonstruktion im Risikostrukturausgleich, von der die Billig-Krankenkassen erheblich profitieren. An diesem Punkt muss noch einmal deutlich nachgelegt werden.

Auch wenn mit der aktuellen Gesundheitsreform noch nicht alle Probleme beseitigt werden können, gilt es jetzt, die Neuregelungen umzusetzen und zu nutzen. Erst wenn bekannt ist, welche Veränderungen und Vorteile durch die Gesundheitsreform im Einzelnen erreicht wurden, können die noch verbleibenden Strukturprobleme identifiziert und gezielt angegangen werden. Weitergehende Reformen, insbesondere auf der Finanzierungsseite, dürfen ebenfalls nicht vorschnell umgesetzt werden, vielmehr ist hier eine gründliche Analyse und Diskussion im Vorfeld zwingend erforderlich. Oberste Maxime muss dabei sein und bleiben, dass für alle Versicherten eine umfassende Versorgung und eine Teilhabe am medizinischen Fortschritt zu sozial tragbaren Beitragssätzen gewährleistet ist. Einem radikalen Systemwechsel durch Umstellung auf ein „Kopfprämienmodell" erteilen die Ersatzkassen heute und in Zukunft eine klare Absage.

Ein Blick auf den Marktplatz der Lutherstadt Wittenberg, wo alljährlich am 31. Oktober, dem Reformationstag, ein immer Tausende Besucher anziehendes historisches Markttreiben stattfindet (Foto: Norbert Kaltwaßer)

Professor Dr. Johannes Georg Gostomzyk,

geboren 1936 in Fürstenberg; Studium der Medizin in Berlin, Freiburg im Breisgau und München; 1972 Habilitation in Mainz; Facharzt: Öffentliches Gesundheitswesen, Laboratoriumsmedizin; 1976–2001 Leitender Medizinialdirektor des Gesundheitsamtes Augsburg; seit 1977 Mitglied der Schriftleitung und seit 1989 Hauptschriftleiter der Zeitschrift „Das Gesundheitswesen"; seit 1995 Beirat der Zeitschrift „Gesundheitsökonomie und Qualitätsmanagement"; seit 1998 Mitglied der Schriftleitung der Zeitschrift „Medizinische Ausbildung"; seit 1990 Präsident der Deutschen Gesellschaft für Sozialmedizin und Prävention; seit 1997 Mitglied des Vorstandes der Deutschen Gesellschaft für Public Health; seit 1990 Lehrbeauftragter an der Universität Augsburg; seit 1993 Lehrbeauftragter für „Päventiv- und Sozialmedizin" an der Ludwig-Maximilians-Universität München; seit 1977 Dozent an der Akademie für das öffentliche Gesundheitswesen, München; 1992 Berufung in das Kuratorium der Akademie für Arbeits-, Sozial- und Umweltmedizin, München; seit 1996 Mitglied des Wiss. Beirats und Sprecher des Regionalforums des KORA-Projektes der GSF, Neuherberg; seit 1997 Erster Vorsitzender der Landeszentrale für Gesundheit in Bayern e.V.;

Arbeitsschwerpunkte: Öffentliche Gesundheit, Sozialmedizin, Prävention, Suchtverhalten

Foto: privat

Gestaltung eines patientenorientierten Gesundheitssystems

Johannes G. Gostomzyk

Die wissenschaftliche Disputation am Reformationstag im Auditorium Maximum der Stiftung Leucorea geht zurück auf eine Tradition der altehrwürdigen, 1502 gegründeten Universität zu Wittenberg, im Jahre 1993 neu belebt durch die Martin-Luther-Universität Halle-Wittenberg. Die große Disputation von 1519, allerdings in Leipzig abgehalten, zwischen Johann Egk, Theologieprofessor in Ingolstadt, als Vertreter päpstlicher Standpunkte auf der einen Seite sowie dem Wittenberger Professor Karlsstadt (eigentlich Andreas Bodenstein, geboren in Karlstadt/Unterfranken) und dessen Doktorsohn Martin Luther als Repräsentanten der Reformation auf der anderen Seite, dauerte 17 Tage und das „Tournier der Doktoren" wurde dabei von Herzog Georg vorzeitig beendet, als fürstlicher Besuch aus Brandenburg herannahte. In der Disputation ging es um die Willensfreiheit des Menschen, um Gnade, Seelenheil, die Autorität des Papstes und den Ablass und damit indirekt auch um Geld. Die Vertreter des modernen Gesundheitssystems befassen sich in erster Linie mit irdischen Problemen, dennoch erscheint das Thema der heutigen Disputation am Reformationstag 2003 von vergleichbar großer Komplexität. Der vorgegebene Zeitrahmen impliziert damit, dass am Ende viele Fragen offen bleiben werden.

Die Finanzierungskrise in der Gesetzlichen Krankenversicherung (GKV) ist ein Risiko für eine Patientenorientierung im Gesundheitssystem

Derzeit stellt die Politik angesichts stagnierender Wirtschaftsentwicklung in ungewohnter Einmütigkeit fest, dass die Toleranzgrenze der Belastbarkeit unseres Sozialstaates, d. h. die Staatsquote am Einkommen der Bürger, erreicht sei. Auch die Beiträge zur Krankenversicherung müssten gesenkt werden, zumindest der Arbeitgeberanteil. Die Toleranzgrenze der Belastbarkeit ist dabei fließend und sie wird von den zeitgenössischen Ansichten über Verteilungsgerechtigkeit bestimmt.

Die Zukunftsfähigkeit unseres Landes sei gefährdet, Bildung, Ausbildung, Innovation und Arbeitsplätze stehen im globalen Wettbewerb und benötigen höhere Investitionen. Die einseitige Abhängigkeit der Sozialabgaben vom Faktor Arbeit sei zu beenden, zumindest sei die Finanzierungsbasis zu erweitern, z. B. durch Beiträge aus Kapitaleinkommen. Arbeit soll billiger werden, aber warum nicht durch längere Arbeitszeit? Das deutsche Gesundheitssystem sei das drittteuerste in der Welt, seine Leistung von mittelmäßiger Effektivität im internationalen Vergleich. Eine Vielzahl unterschiedlicher Faktoren wird angeführt, die zur Finanzierungskrise in der GKV beitragen (siehe Tabelle 1).

Wie ist das zu bewerten? Brauchen wir ein anderes Gesundheitssystem? Trifft die alte Indianerweisheit zu: „Wenn Dein Pferd tot ist, steige ab"? Dabei ist das Gesundheitssystem in unserem Sozialstaat zumindest auf der Einnahmenseite (Beitragsbemessung) das relativ „gerechteste" System staatlich organisierter Umverteilung, die einkommensabhängigen Beiträge werden vom Arbeitgeber einbehalten, Abschreibungsmöglichkeiten wie bei der Steuer gibt es nicht. Selbstverwaltung und Beitragsfinanzierung vermeiden eine direkte Abhängigkeit von der von Wirtschaftszyklen abhängigen staatlichen Steuerpolitik.

Tabelle 1

Faktoren für den Kostenanstieg im Gesundheitswesen bzw. für die Beitragsentwicklung in der GKV:

- demographische Entwicklung („Überalterung")
- Krankheitspanorama: Zunahme chronischer Krankheiten
- Über-, Unter-, Fehlversorgung
- pharmazeutischer und medizinisch-technischer Fortschritt
- steigender Verwaltungsaufwand
- Misstrauenskultur: Absicherungen, Versicherungen, Betrugs- und Korruptionsvorwürfe etc.
- Medikalisierung weiter Lebensbereiche
- Iatrogenisierung: Schäden durch medizinische Maßnahmen, Placebo-Medizin, „Krankheit als Erfindung", Allmachtsillusionen bezüglich Alter und Leben etc.
- hohe Arbeitslosigkeit: fehlende Beitragszahler
- ungesunde Lebensweise: Ernährung, Bewegung, Stress, Rauchen, süchtiges Verhalten usw.
- Vernachlässigung von Prävention und Gesundheitsförderung

Die Ausgaben für Gesundheit entsprachen 1998 10,9 % des Bruttoinlandsproduktes (412,7 Mrd. DM).

Größter Ausgabenträger war mit 56 % die GKV: 231,7 Mrd. DM. Dazu kamen u. a. Ausgaben privater (45,5 Mrd. DM) und öffentlicher Haushalte (34,6 Mrd. DM).

5030 DM je Einwohner wurden für Gesundheitsleistungen eingesetzt.

Im Gegensatz zu manchen öffentlichen Bewertungen besteht eine erstaunlich hohe Zufriedenheit der Patienten, die das Gesundheitssystem in erster Linie bei Arztbesuchen erleben. Der letzte Bundes-Gesundheitssurvey (1998) ergab folgendes Bild:

- 90 Prozent der Deutschen im Alter zwischen 18 und 74 Jahren hatten im letzten Jahr mindestens einmal, im Durchschnitt allerdings elfmal einen Arzt konsultiert.
- 95 Prozent von ihnen waren mit dem letzten Arztbesuch zufrieden, das betraf den Besuch in der Praxis, Hausbesuche des Arztes oder die Notaufnahme bzw. das Krankenhaus.

Offensichtlich besteht nur ein loser Zusammenhang zwischen Arztbesuch und Selbsteinschätzung der eigenen Gesundheit. Nur 11,5 Prozent bezeichnen ihren Gesundheitszustand als „schlecht" (2,1 Prozent) oder „weniger gut" (9,4 Prozent), aber über 90 Prozent der Erwachsenenbevölkerung suchte im letzten Jahr den Arzt auf.

Es werden vielfältige Kriterien zur Bewertung des Gesundheitssystems verwendet. Ganz offensichtlich besteht ein Unterschied zwischen der Expertenbewertung (z. B. Effektivität eingesetzter Mittel, Sichtweise von Interessenvertretern) und der Laien-Patienten-Bewertung (Zuwendung, Gesprächsbereitschaft, Pflege etc.).

Die Gesetzliche Krankenversicherung (SGB V) ist an den Organisationsprinzipien des Sozialen ausgerichtet, diese sind Autorität, Solidarität und Subsidiarität

Autorität ist die Fähigkeit, die Zustimmung anderer zu gewinnen. Die gesetzlichen Krankenversicherungen sind Körperschaften öffentlichen Rechts. Als delegierte Staatsverwaltung sind ihre Regeln für die Versicherten verbindlich. Dagegen löst derzeit die schwindende Autorität der Gesundheitspolitik bei den Leistungserbringern Unzufriedenheit und bei den Versicherten Verunsicherung aus.

Solidarität in der GKV (SGB V, § 1 „Solidarität und Eigenverantwortung") bedeutet letztlich Gesamthaftung der Solidargemeinschaft für die Belastungen des Einzelnen durch Krankheit und Krankheitsfolgen, mit dem Ziel, die Gesundheit zu erhalten, wieder herzustellen oder den Gesundheitszustand zu bessern. Solidarität bedeutet Umverteilung der Versicherungsbeiträge, orientiert am Bedarf der Patienten bzw. Leistungsberechtigten. Angestrebt wird die Chancengleichheit für die Entwicklung der individuell bestmöglichen Gesundheit (siehe Tabelle 2).

Tabelle 2

Solidaritätsprinzip in der GKV

Solidarische Finanzierung (SGB V § 3)

Arbeitgeber und Mitglieder (Arbeitnehmer) zahlen lohnabhängig Beiträge

Solidargemeinschaft: Umverteilung der Beiträge

Wirtschaftlich Starke	→	Schwächere
Junge	→	Alte
Gesunde	→	Kranke
Beitragszahler	→	beitragsfreie Mitversicherte

Solidarische Verpflichtung (§ 1 SGB V)

– Mitwirkung am Genesungsprozess
– Verpflichtung zur „gesunden Lebensführung", d. h. Prävention

Solidarische Zuweisung (z. B. Gmünder Ersatzkasse 2001)

20 % der Versicherten verursachen 90 % der Gesamtkosten (> 543 €/Jahr)
10 % der Versicherten verursachen 80 % (> 1725 €/Jahr)
2,5 % der Versicherten verursachen ca. 50 % (> 7900 €/Jahr)

In westlichen Industrieländern gilt: Ca. 50 % der Versicherten sind in der Regel gesund; sie verursachen ca. 3 % der Gesundheitsausgaben.

Arbeitgeber und Versicherte (Arbeitnehmer) leisten Beiträge (§ 3), deren Höhe an das Arbeitseinkommen gebunden ist. Die Umverteilung in der Solidargemeinschaft erfolgt real von besser zu weniger Verdienenden, von Jungen zu Alten, von Gesunden zu Kranken und von Beitragszahlern zu beitragsfreien Mitversicherten. Außerdem bestehen Mitwirkungspflichten.

Die Verwendung der Versichertenbeiträge lässt die bedarfsorientierte Umverteilung erkennen (z. B. Gmünder Ersatzkasse, Jahresbericht 2001): 20 Prozent der Versicherten verursachten 90 Prozent der Gesamtkosten, 10 Prozent verursachten 80 Prozent der Ausgaben und 2,5 Prozent verursachten rund 50 Prozent der Ausgaben. Insgesamt sind in der Regel ca. 50 Prozent der Versicherten gesund; sie verursachen 3 Prozent der Ausgaben.

Ca. 90 Prozent der Bürger sind in der GKV versichert. Die Mehrzahl der Bundesbürger plädiert in Befragungen für die Beibehaltung des solidarisch organisierten Gesundheitssystems.

Da offensichtlich keine Gerechtigkeit bei der Verteilung von Krankheit besteht, d. h. Individuen können nur bedingt Einfluss auf ihren Gesundheitszustand nehmen, bleibt das Kriterium einer formalen Gerechtigkeit bei der Zuteilung von Gesundheitsleistungen unbefriedigend. Die Abstufung der Sozialethik lautet vielmehr: Gerechtigkeit – Solidarität – Wohlfahrt. Das *Solidaritätsprinzip* ist das besser zutreffende Argument für eine bedarfsgerechte Krankenversorgung (Bedarfsprinzip).

Das *Subsidiaritätsprinzip*: Nach diesem Prinzip muss die Solidargemeinschaft Aufgaben übernehmen, die der Einzelne nicht erfüllen kann. Leistungspflicht und Leistungsumfang in der GKV (SGB V § 70) sind nach den Merkmalen Qualität, Humanität und Wirtschaftlichkeit begrenzt. Was darüber hinausgeht, bleibt in der Eigenverantwortung des Einzelnen.

Qualität und Wirksamkeit der Leistungen haben dem allgemein anerkannten Stand der medizinischen Erkenntnisse zu entsprechen (SGB V § 2). Die Versorgung der Versicherten muss ausreichend und zweckmäßig sein, darf das Maß des Notwendigen nicht überschreiten und muss in fachlich gebotener Qualität sowie wirtschaftlich erbracht werden (SGB V § 70). Die Qualität der Leistungserbringung ist sicherzustellen (SGB V § 135 ff.). Die an den Prinzipien Solidarität und Subsidiarität orientierten Regeln der Krankenversicherung erhalten derzeit eine neue Qualität durch die Forderung nach Umsetzung einer evidenz-basierten Medizin (EBM) als der Nutzung des jeweils besten, verfügbaren Handlungswissens aus der evaluativen klinischen und der Versorgungsforschung. Eine so tief greifende Neuorientierung in der Medizin verläuft nicht konfliktfrei, geht es dabei doch um die Hinterfragung der Bedeutung individueller professioneller Erfahrung und die Jahrhunderte währende Tradition der Expertendominanz in der Medizin.

Das Zentrum eines patientenorientierten Gesundheitssystems bildet die Arzt-Patienten-Beziehung

Die gesetzliche Krankenversicherung ist in erheblicher Distanz zum Versicherten/Patienten organisiert. Deren direkte Einflussnahme auf die Vertragsgestaltung besteht bislang nicht. Beispielhaft dafür waren die beinahe konspirativ abgeschirmten Gesprächsrunden zu dem ab 2004 gültigen Gesundheitsmodernisierungsgesetz über Praxisgebühr, Ausgliederung von Zahnersatz usw.

Der Versicherte erlebt die Patientenorientierung des Systems bei Inanspruchnahme von Leistungen. Die Arzt-Patienten-Beziehung ist dabei das elementare Erfahrungsfeld. Hier werden für den einzelnen Patienten Bedarf und Umfang von Gesundheitsleistungen definiert und ermittelt.

In besonderer Weise entwickelt sich die Arzt-Patienten-Beziehung bei chronisch Kranken. Chronische Krankheiten, für die es im SGB V genauso wenig wie für Krankheit überhaupt eine verbindliche Definition gibt, verlaufen prozesshaft. Völlige Heilung wird in der Regel nicht erreicht. Gesundheitsleistungen sind über lange Zeit notwendig. Die Krankengeschichte ist Teil einer einmaligen Lebensgeschichte und der Patient ist, wenn auch mit den Einschränkungen, die sich aus seiner Subjektivität ergeben, Spezialist der eigenen Krankheit. Bedarf und Umfang an (notwendigen) Leistungen ergeben sich aus dem Dialog zwischen Arzt und Patient. Für eine äußere Bewertung der Qualität dieser Interaktion fehlen oft objektive Prozessindikatoren, z. B. bei der Schmerzbehandlung. Die Erwartungshaltung und das Inanspruchnahmeverhalten des Patienten, seine Bereitschaft zu Eigenverantwortung und Selbsthilfe haben dabei erheblichen Einfluss. Problemlösungen zu Lasten der GKV sollten im Interesse der Solidargemeinschaft grundsätzlich nachvollziehbar, d. h. überprüfbar sein.

Voraussetzung für die optimale Zuwendung individuell-patientenorientierter Gesundheitsleistungen ist ein berechtigtes Vertrauen des Patienten und der Gesellschaft in die Arzt-Patienten-Beziehung bezüglich der Umsetzung der sozial-ethischen Prinzipien Solidarität und Subsidiarität durch beide Beteiligte. Tatsächlich aber hat sich hier zunehmend von verschiedensten Seiten aus Misstrauen breit gemacht. Zu berücksichtigen ist dabei die

Tatsache, dass zumindest die 120 000 niedergelassenen Ärzte auch selbständige Unternehmer sind. Die Steuerung ihres vertragsärztlichen Handelns mit ökonomischen Anreizen, so indirekten Gewinnbeteiligungen bei Einsparungen, Umsatzsteigerungen durch angebotsinduzierte Nachfrage (IGL-Liste) u. ä. haben das Problem verschärft. Tatsächlich zeigen weder die Krankenkassen noch die Leistungsanbieter ein Interesse an einer Verminderung des Leistungsvolumens bzw. ihrer Umsätze. Die Forderung von Krankenkassenvertretern und Leistungsanbietern, „mehr Geld in das System", erscheint als der einfachste Ausweg; er ist aber nicht konkretisiert. Modelle wie Bürgerversicherung oder Kopfpauschale werden bislang sehr kontrovers diskutiert.

Leistungsbegrenzung im Gesundheitssystem wegen begrenzter Ressourcen

Das medizinische Ethos muss heute neben den Prinzipien Patientenwohl und aufgeklärte Selbstbestimmung um das Thema Ressourcenknappheit erweitert werden. Bei notwendiger Leistungsbegrenzung im Gesundheitssystem sollte einer Priorisierung nach medizinischem Bedarf gegenüber dem Leistungsausschluss von Personengruppen bzw. bei bestimmten Persönlichkeitsmerkmalen der Vorzug gegeben werden.

In der Öffentlichkeit – zum Teil unter Hinweis auf Generationengerechtigkeit – geäußerte Lösungsvorschläge bei Ressourcenknappheit sind Leistungsbegrenzung im Alter (Ausschluss von künstlichem Gelenkersatz, Zahnersatz u. ä.) und die Akzeptanz aktiver Sterbehilfe. Diese Generationenorientierung bei der Zuteilung von Gesundheitsleistungen setzt sich in Widerspruch zu einer solidarischen Patientenorientierung. Die Akzeptanz derartiger Vorschläge träfe heute einseitig Menschen in ihrem Leiden zugunsten einer eher abstrakten Zukunftsaussage, dass nämlich auf diese Weise zum Erhalt der Leistungsfähigkeit der Krankenversicherung oder der sozialen Sicherung überhaupt ein wesentlicher Beitrag geleistet werde. Der Sozialpolitiker Heiner Geißler sieht in jungen Menschen mit derartigen Ideen die „mentalen Opfer einer zwar inzwischen verunsicherten, aber immer noch herrschenden Ideologie, nämlich des neoliberalen Marktfundamentalismus, der alle Probleme nur unter Kostengesichtspunkten diskutiert." In der Tabelle 3 wird der Versuch unternommen, die Problemlage zu skizzieren und zu quantifizieren.

Tabelle 3: Gesundheit – Krankheit – bedingte Gesundheit – chronische Krankheit – vorzeitige Sterblichkeit (< 65. Lebensjahr) – Krankheit zum Tode

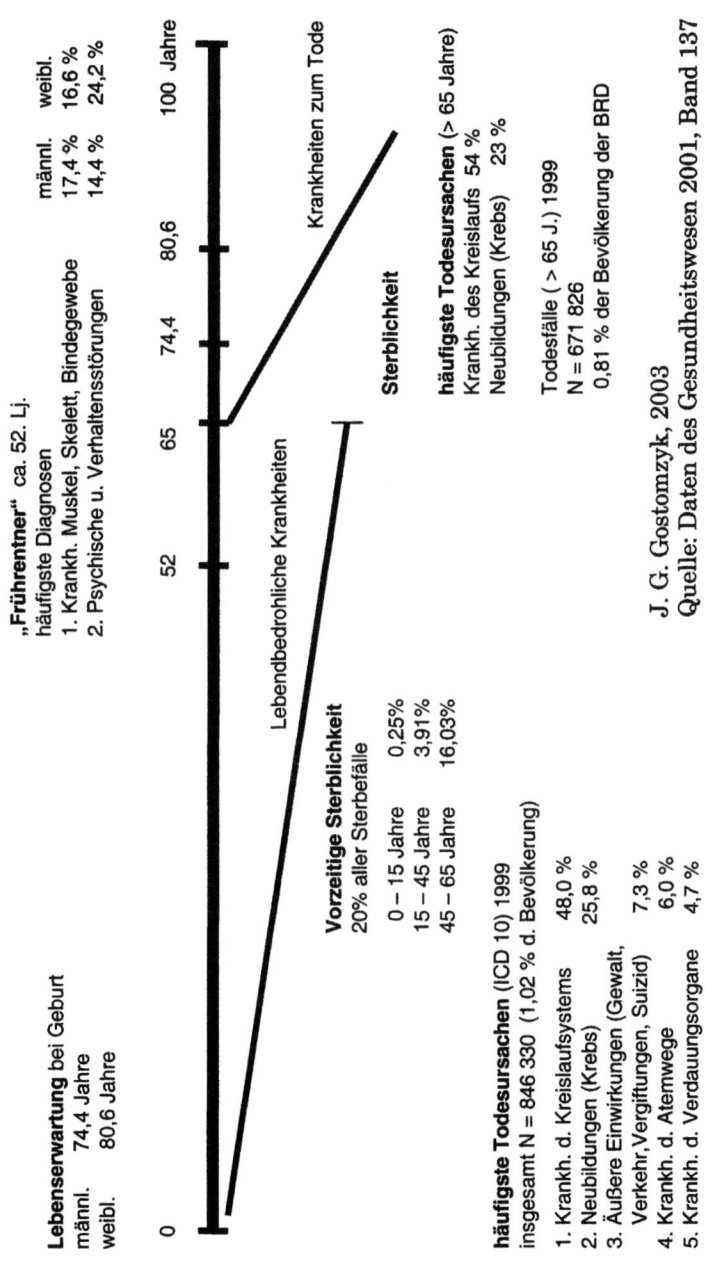

Im Verlauf des Lebens wechseln wir zwischen den Zuständen Gesundheit – Krankheit – bedingte Gesundheit – chronische Krankheit und werden schließlich mit der Sterblichkeit konfrontiert. Stark vereinfacht: Wir leiden an Krankheiten, an denen wir nicht sterben. Die mittlere Lebenserwartung ist hoch wie nie zuvor in unserem Land. Sie beträgt bei Geburt 74 Jahre für Männer und 80,6 Jahre für Frauen. Die Sterblichkeit vor dem 65. Lebensjahr, die sogenannte „vorzeitige Sterblichkeit", macht 20 Prozent aller Sterbefälle aus – mit sehr unterschiedlichen Todesursachen. Sie zu mindern, ist eine gesellschaftlich unumstrittene Aufgabe, der sich die Medizin intensiv zuwendet. Die Sterblichkeit jenseits des 65. Lebensjahres ist durch die Monotonie der Todesursachen gekennzeichnet, die Hälfte der Menschen stirbt an Erkrankungen des Kreislaufs, ein Viertel an Krebs. Diese Sterblichkeit erscheint naturgegeben. In ihrem Verlauf erwarten die Patienten zu Recht humane und medizinische Begleitung. Mit einer Freigabe aktiver Sterbehilfe würden zumindest theoretisch pro Jahr über 600 000 Menschen mehr oder weniger intensiv mit dieser Frage konfrontiert werden. Eine kürzlich in der Süddeutschen Zeitung geäußerte Forderung in diesem Zusammenhang nach einer „Sterbepädagogik nach dem Modell der Sexualpädagogik" (Wolfgang Schievelbusch, SZ vom 16.10.2003) klingt zynisch und zerstört ein Tabu. Hospizbewegung und Palliativmedizin weisen einen anderen Weg.

Für ein patientenorientiertes Gesundheitssystem, auch unter den Bedingungen abnehmender Ressourcen, werden abschließend thesenhaft fünf Merkmale genannt:

– Die ethischen Organisationsprinzipien des Sozialen sind richtungsweisend. Solidarität bedeutet eine in der menschlichen Natur seinshaft begründete Wechselbeziehung, der Mensch ist seinem Wesen nach auf die

Gesellschaft hin geordnet und umgekehrt (Walter Kerber, Sozialethik, Verlag W. Kohlhammer, 1998, S. 58). Die unter dieser Vorgabe formulierten GKV-Kriterien „bedarfsgerechte, notwendige und ausreichende Leistungen" unter Wahrung uneingeschränkter Menschenwürde vom Beginn des Lebens bis zum Tod sind ein Standard für die Humanität in der Medizin und in der Gesellschaft. Die Kriterien Solidarität und Subsidiarität geben in der GKV der Leistungsausweitung durch Leistungsanbieter einen begrenzenden Rahmen. Sie bedeuten eine Einschränkung ungehemmter Marktorientierung und begründen die Notwendigkeit der Transparenz durch Kontrolle im System, beispielsweise durch den Medizinischen Dienst der Krankenversicherung (MDK).

- Von einem patientenorientierten Gesundheitssystem erwarten alle Versicherten im Bedarfsfall Zuverlässigkeit hinsichtlich Leistungsbereitschaft und humanitärer Leistungsintention. Demographische Entwicklungen oder schwindende Einnahmen dürfen nicht zu einseitigen Leistungseinschränkungen gegenüber bestimmten Mitgliedern der Gemeinschaft führen. Über Lastenverteilungen ist ein gesellschaftlicher Konsens notwendig.
- In der Solidargemeinschaft GKV erscheinen bei Ausdehnung der Eigenverantwortung in den Bereichen Befindlichkeitsstörungen und leichte Erkrankungen unumgängliche Leistungseinschränkungen zumutbarer. Das bedeutet eine Priorisierung nach medizinischem Bedarf. Ein Beispiel praktischer Umsetzung bietet die Krankenversicherung in Frankreich mit Zuzahlungsbefreiung bei bestimmten chronischen Krankheiten.
- Prävention und Gesundheitsförderung können die Krankheitslast mindern und damit die Frage nach der

Notwendigkeit von Leistungseinschränkungen im Gesundheitswesen entschärfen. Gesunde leisten mit gesundheitsorientiertem Verhalten einen wichtigen Beitrag zum patientenorientierten Ressourceneinsatz. Jeder ist aufgerufen, aus Eigen- und Gemeinschaftssinn, den unbequemen und manchmal schweißtreibenden Weg der Prävention zu gehen.

– Aus bevölkerungsmedizinischer (Public Health) Perspektive ist die solidarisch organisierte Krankenversicherung mit ihrem gleichmäßigen Schutz für rund 90 Prozent der Bevölkerung in höherem Maße als andere Lösungen patientenorientiert. Zu ihrer Weiterentwicklung ist Versorgungsforschung notwendig, die sich neben ökonomischen Belangen der Krankenkassen und der Leistungserbringer auch mit dem krankheitsbedingten individuellen Bedarf der Patienten und ihrem Inanspruchnahmeverhalten befasst.

Repliken

Professor Dr. Reinhard Turre,

geboren 1941 in Mühlhausen/Thüringen; 1960–1965 Studium der Theologie an der Martin-Luther-Universität Halle-Wittenberg und an der Humboldt-Universität Berlin; 1965–1969 Konviktinspektor in Halle; 1969 Promotion (Systematische Theologie bei Prof. Dr. Erdmann Schott); 1969–1975 Gemeindepfarrer in Roitzsch bei Bitterfeld und gleichzeitig Dozent im kirchlichen Fernunterricht und am Predigerseminar Wittenberg; 1975–1991 Rektor des Diakoniewerkes in Halle, zugleich Lehrbeauftragter für Seelsorge und Diakonie an der Theologischen Fakultät der Martin-Luther-Universität und Vorsitzender der Hauptversammlung des Diakonischen Werkes in der DDR; erst nach der politischen Wende 1989 Habilitation an der Martin-Luther-Universität (mit dem Buch „Diakonik – Grundlegung und Gestaltung der Diakonie"); 1997 Berufung zum außerplanmäßigen Professor an die Theologische Fakultät der Martin-Luther-Universität; seit 1991 Direktor des Diakonischen Werkes in der Kirchenprovinz Sachsen, langjähriges Mitglied des Diakonischen Rates des gesamtdeutschen Diakonischen Werkes und Aufsichtsratsmitglied von diakonischen Einrichtungen; z. Zt. Vorsitzender der Liga der Freien Wohlfahrtspflege und der Landeskrankenhausgesellschaft Sachsen-Anhalt; zahlreiche Veröffentlichungen zur Diakonik, u. a. „Diakonische Einsichten – Theologische Impulse und ethische Reflexionen" 2001

Foto: privat

Ethik im Gesundheitswesen – Anforderungen aus der Sicht der Diakonie

Reinhard Turre

Die Notwendigkeit ethischer Reflexionen

– Das Gesundheitssystem hat Anteil an der Krise des Sozialstaates und der Sicherungssysteme. Deren Ursache liegt u. a. in der demografischen Entwicklung, in den gewachsenen technischen Möglichkeiten bei begrenzten finanziellen und personellen Ressourcen, den veränderten Lebensformen und den Einflüssen globaler Entwicklungen. Es muss neu definiert werden, was der einzelne Bürger selbst leisten muss, was die Sicherungssysteme leisten können und was auch künftig vom Staat gewährleistet werden muss.
– Die ethische Reflexion muss einer vernünftigen Reform des Gesundheitswesens vorangehen. Sie wird die bisher gültigen Prinzipien der Subsidiarität, der Solidarität und der Pluralität neu zu begründen haben. Realistische Gesundheitsziele sind zu benennen und die Rolle der Ökonomie und des Rechts ist zu bestimmen. Die Erwartungen der Patienten sind zu berücksichtigen. Die Möglichkeiten und Grenzen der aktiv am Patienten Handelnden sind aufzuzeigen. Die unterschiedliche Sicht der Kostenträger und der Leistungsträger muss in die ethischen Überlegungen, politischen Entscheidungen und das tatsächliche Handeln der im Gesundheitswesen Tätigen einbezogen werden.

Heutige Herausforderungen

- Das Hauptproblem der Gesundheitsversorgung heute besteht darin zu ermitteln, wie *Aufgabenerweiterung und Ausgabenbegrenzung* aufeinander bezogen werden können. Einerseits eröffnet der medizinische Fortschritt bisher nicht gekannte Möglichkeiten und die demografische Entwicklung stellt erhöhte Anforderungen. Andererseits erwarten die Bürger Beitragsstabilität in der Krankenversicherung und es wehren sich die jungen gegen weitergehende Erwartungen für die Versorgung älterer Bürger. Die daraus erwachsenden Auseinandersetzungen können nicht allein den Kostenträgern und Leistungserbringern überlassen werden.
Entgegen der Tendenz zu monistischer Finanzierung muss auch weiterhin auf die Beteiligung der und die Steuerung durch die politischen Instanzen Wert gelegt werden. Dies gilt besonders für die Bereiche der Investitionen sowie der Forschung und Lehre.
- Die Strukturreform im Gesundheitswesen ist nur durch die Überprüfung und die Korrektur von *Entwicklungen in der Medizin* der letzen Jahrzehnten zu bewerkstelligen. Offenbar ist das medizinische System dazu selbst nicht in der Lage. Deshalb fruchten auch nicht Appelle zu Reformen auf „wissenschaftlicher Basis". Ohne Anregungen und Anstöße von außen, also ohne ethische Reflexion, gesellschaftliche Übereinkunft und politische wie auch wirtschaftliche und juristische Vorgaben wird es keine Erneuerung eines Systems geben, das sich selbst und die gesellschaftlichen Ressourcen überfordert.
- An der *ethischen Reflexion* haben sich auch die Kirchen zu beteiligen. Sie müssen heute vor allem dar-

über Auskunft geben, welche Hilfeleistungen unterlassen werden und welche medizinisch möglichen Maßnahmen unterbleiben sollen, weil sie entweder dem Helfer oder dem Hilfebedürftigen nicht zumutbar sind. Hilfe muss als ein Beziehungsgeschehen gesehen werden, in dem alle Beteiligten konkret und offen bestimmen müssen, was sie leisten können und wozu sie sich nicht in der Lage sehen. Der ethischen Reflexion hat die gesellschaftliche Meinungsbildung und dann auch die ehrliche politische Entscheidung zu folgen. Die Gesundheitspolitik leidet an Unklarheit und Unehrlichkeit. Nur unter der Voraussetzung eines gesellschaftlichen Konsenses und klarer politischer, finanzieller und rechtlicher Vorgaben können die medizinisch und pflegerisch Handelnden ihre Arbeit qualitativ gut und allgemein akzeptiert tun. Ethik-Kommissionen, besetzt auch mit unabhängigen Persönlichkeiten, sollten auf den verschiedenen Ebenen zur Meinungsbildung beitragen.

– Insbesondere bedarf es einer gesellschaftlichen Verständigung über die *Gesundheitsziele*. Aus christlicher Sicht gehören dazu: die Absicherung der Schwachen bei Lebensrisiken, die Chancengleichheit für alle Bürger, ein gerechter Ausgleich zwischen den Generationen. Unter Berücksichtigung regionaler Besonderheiten kann man sich u. a. auf die Senkung der Herz-Kreislauf-Erkrankungen und der vorzeitigen Sterblichkeit durch Krebs verständigen. Bei allen Zielvorgaben muss auf Glaubwürdigkeit, Verständnis in der Öffentlichkeit, Ausgewogenheit, Messbarkeit und die genaue Beschreibung der Verantwortlichkeit geachtet werden. Das Verhältnis von Nachfrage, Beschäftigung, Wachstum und Wohlfahrt in der Gesellschaft ist bei der Festlegung von Zielen im Gesundheitswesen zu beachten. Natürlich haben die unmittelbar ablesbaren gesundheitlichen Ergebnisse Vorrang vor anderen Indikatoren für die Wohlfahrt in der Gesellschaft. Umstritten ist, ob neben der Verbesserung der individuellen Wohlfahrt auch die Sicherung von Arbeitsplätzen im Gesundheits- und Sozialwesen wie auch in der darauf bezogenen Industrie (Medizintechnik, Pharmaindustrie) als Planungsziel in Frage kommt.

– Die *Kostenexplosion* bei der Akutmedizin darf nicht weiter zu Lasten der Gesundheitserziehung, des Verbraucherschutzes, der Prävention und Prophylaxe, der Rehabilitation und Selbsthilfe gehen. Die Grundsätze „ambulant vor stationär" und „Allgemeinmedizin vor Spezialangeboten" müssen durchgesetzt und der Pflege unmittelbar am Patienten muss ein größeres Augenmerk geschenkt werden. Die „sprechende Medizin" verdient eine Aufwertung. Dies alles ist sicher nicht ohne Begrenzung der Ausgaben für Medizintechnik, Arzneimittel und der Ausstattung von Laboren zu haben. Dort werden ohnehin immer mehr Erkenntnisse über das gesammelt, was nicht behandelbar ist. Die Aufwendungen für die Therapie müssen wieder in ein angemessenes Verhältnis zu den immens gestiegenen Kosten für die Diagnose gebracht werden. Die alte Weisheit, dass die beste Medizin für den Menschen der Mitmensch ist, sollte wieder mehr Geltung erhalten. Es geht nicht an, Pflegepersonal deshalb abzubauen, weil die Kosten für die Medizintechnik und die Verwaltung des medizinischen Betriebes zu hoch geworden sind. Die Kosten für medizinische Leistungen können zwar genau ermittelt werden, doch deren Nutzen und ihre Belastung für die Gesellschaft sind nur schwer zu definieren.

- *Konzentration und Innovation* sind auch im Gesundheitswesen angesagt. In den letzten Jahrzehnten wurden Ärzte und Schwestern mit immer mehr Tätigkeiten belastet, die nicht unmittelbar zu ihrem heilenden Auftrag gehören. Wichtig ist die Vereinfachung der Bürokratie in Gestalt von Dokumentation und Punktwerteabrechnungen. Es sollte wieder mehr darauf geachtet werden, was der Patient eigentlich braucht und will, dann werden auch Kräfte freigesetzt für die veränderten Anforderungen durch alte und junge Patienten. Der vermehrte Bedarf für ältere Menschen in der Prävention, Akutbehandlung und in der Rehabilitation und auch das veränderte Verhalten junger Patienten, wie zum Beispiel im Drogenkonsum und bei seelischen Belastungen, müssen mehr Berücksichtigung finden. Die Politik hat die Aufgabe, Klarheit bezüglich der Stellung zu Drogen, zu aggressivem Verhalten, das andere schädigt, und zur Vereinsamung in der Gesellschaft zu schaffen. Was in der Bildung und in der Kultur versäumt wird, kann nicht durch einen medizinischen Reparaturbetrieb geheilt werden. Die Kirchen sind nach ihrem Beitrag für die Ausprägung einer Kultur des Erbarmens und für die Gesundheitserziehung ebenfalls gefragt. Belastbarkeit von Menschen ist auch ein geistliches Problem.
- Die *Rolle des Ökonomie* im Gesundheitswesen muss überdacht werden. Sie hat inzwischen die beherrschende Funktion in den Entscheidungsprozessen. Hinzu kommt, dass das Gesundheits- und Sozialwesen in der Gesellschaft nun selbst zu einem beachtlichen Wirtschaftsfaktor geworden ist. In manchen Regionen ist es der größte Arbeitgeber. Doch kann in den sozialen und medizinischen Einrichtungen nur ausgegeben werden, was aus Beitrags- und Steuermitteln zur Ver-

fügung gestellt wird. Zwar wäre es möglich, die Einnahmen der Kassen durch Entlastung von versicherungsfremden Leistungen und die Verbreiterung der Beitragsleistungen zu erhöhen, aber auch bei einer Verlagerung mancher Leistungen in das Steuersystem würde sich bald die Frage nach der Begrenzung der Ausgaben stellen. Freilich könnte noch einmal überprüft werden, welche inneren Wirtschaftlichkeitsreserven außerdem zu erschließen sind, aber auch hier kann ein System der Versorgung kaputt gespart werden. Die Möglichkeit der Steuerung mit prospektiven Budgets hat zwar mehr Variabilität eröffnet als die nachträgliche Vergütung durch kostendeckende Pflegesätze, aber um die Notwendigkeit der Begrenzung kommt man in dem einen wie in dem anderen Verfahren nicht herum.

– Bei der Steuerung kann entweder eine *Begrenzung der Menge* medizinischer Leistungen vorgenommen werden, *oder* man verzichtet auf *teure, qualitativ höhere Leistungen*. Beide Methoden sind heute schon, besonders wenn es dem Jahresende zugeht, in medizinischen Einrichtungen zu beobachten, wenn auf das Globalbudget Rücksicht genommen werden muss. Strukturell sind noch weitergehende Konzentrationsprozesse denkbar, aber das verstaatlichte Gesundheits- und Sozialwesen im Osten hat gezeigt, dass der Verlust von Bürgernähe keineswegs zur Steigerung von Effizienz führen muss.

– Schließlich sollte auch die *Rolle der Rechtssprechung* im Gesundheitswesen überdacht werden. Was einst als Schutz für die einzelnen Bürger gedacht war, ist nun zu einem System verkommen, durch das mit immer größerer Perfektion die aktiv Handelnden verunsichert und zu mehr Maßnahmen verpflichtet werden, als es dem Patienten eigentlich dienlich ist. Eine Gesundheitsreform muss einhergehen mit einer Reform der rechtlichen Bestimmungen, die zur Verteuerung des Systems beitragen, ohne dem Patienten unmittelbar nützlich zu sein.

Entscheidungsbedarf

– Angesichts des Fortschritts in der Medizin und im Arzneimittelwesen wird bald entschieden werden müssen, welche medizinischen, sozialen und pflegerischen Maßnahmen künftig durch die Solidargemeinschaft finanziert werden können und welche zusätzlichen Angebote privat extra honoriert werden müssen. Schon heute wird angesichts der Deckelung von Budgets nicht jede denkbare Hilfe auch tatsächlich gewährleistet. Es muss bald entschieden werden, ob man sich auf die *Grundversorgung* beschränkt und wie man durch wen näher definiert, was „ausreichend" und „angemessen" ist.
– Mit der Pflegeversicherung sind *wettbewerbliche Elemente* in den Bereich des Gesundheits- und Sozialwesens eingeführt worden. Nun werden auch für andere Bereiche des Gesundheitswesens die Mechanismen des Marktes zugelassen. Als Konsequenz daraus ist bald zu entscheiden, ob man neben dem kassenärztlichen Vertragsbereich auch private Anbieter zulassen oder fördern will. Dann muss allerdings mindestens die Kontrolle der Standards gewährleistet sein, wobei zukünftig der Qualitätsbestimmung ein erhöhtes Augenmerk zu widmen ist.
– Es ist zu entscheiden, ob *öffentliche Instanzen* weiter eine gleichmäßige Versorgung mit medizinischen und

pflegerischen Leistungen gewährleisten, oder ob die Versorgung nur dem freien Spiel von Angebot und Nachfrage überlassen werden soll. Dann muss zumindest sicher gestellt werden, dass auch noch jene Leistungen für den Bürger erreichbar bleiben, die es in einem Territorium deshalb nicht gibt, weil ihre Finanzierung dort nicht ausreichend garantiert ist.

– Wird im angestrebten System der Verzahnung von ambulanten, stationären und rehabilitativen Leistungen die *Stellung der Hausärzte* und der Grundpflege nicht gestärkt, sind diese Versorgungsbereiche bald nicht mehr gebührend gewährleistet. In diesem Zusammenhang ist auch die Beteiligung und der Rechtsschutz nicht professioneller Kräfte in der Pflege zu klären.

– Das unwürdige Verschieben der Finanzierung von erbrachten Leistungen in der Pflege von den Krankenkassen zu den Pflegekassen und von diesen zu der Rentenversicherung kann nur beendet werden, wenn *zwischen den Kassen Einigungszwang* herrscht und das Problem nicht bei dem Bürger oder dem Leistungserbringer belassen wird. Hierzu gehört auch die Klärung der Funktion des Medizinischen Dienstes der Krankenkassen in Absprache mit den Ärzteverbänden.

Vorrangige Aufgaben

– Wer die Mündigkeit der Patienten stärken will, muss sich weiterhin um sachliche Aufklärung, verständliche Information und ehrliches Darstellen der Grenzen medizinischer und pflegerischer Arbeit bemühen. Die Einrichtungen des Gesundheits- und Sozialwesens sind Heilanstalten, aber keine Heilsanstalten. Die *Gesundheitserziehung* hat dem Bürger klar zu machen, was er von Helfern erwarten kann und was er nicht erwarten kann. Vor allem soll sie bei ihm die Bereitschaft zu einer verantwortlichen, der Gesundheit dienlichen Lebensführung wecken und stärken. Es muss immer neu verdeutlicht werden, dass die Bürgerinnen und Bürger weiter zur Solidarität mit den Schwachen – auch in den Versicherungssystemen – verpflichtet sind. Kostenerstattungen und Beitragsrückzahlungen sind falsche Signale. Überdies gibt es eine bedenklich zunehmende Tendenz, möglichst für sich aus dem Versorgungssystem mehr herauszuholen als man persönlich beigetragen hat. Hier ist Bewusstseinsbildung für die weiterhin notwendige Solidarität erforderlich. Ein Weg dazu ist die Verbesserung der Patientenorientierung bei den Leistungen und eine stärkere Beteiligung der Versicherten an den Entscheidungen über die Verteilung der Mittel.

– Die an den Naturwissenschaften orientierte Medizin und *Ausbildung* hat zweifellos einen ungeheuren Fortschritt in Diagnostik und Therapie gebracht. Von der Forschung werden weitere Fortschritte besonders für die Behandlung von Krebserkrankungen erwartet. Es ist aber nicht zu übersehen, dass eine stärkere Rückbesinnung auf die Jahrtausende alte medizinische Kunst stattfinden muss, die den Menschen in seiner Ganzheit, und nicht nur mit seinen Bestandteilen, mit Körperteilen und mit dem Blick auf das einzelne Organ gesehen hat, sondern in seiner Einheit von Leib und Seele. In der *Ausbildung* müssen stärker philosophische, theologische, psychologische und ethische Elemente Berücksichtigung finden. Es sollen nicht nur fachlich spezialisierte Mediziner, sondern persönlich

reife und vielseitige Arztpersönlichkeiten zu sachkundigen und persönlich souveränen Helfern und Begleitern der Patienten ausgebildet werden. Dieser Intention müssen auch die Weiterbildungsangebote entsprechen.
– Die meisten medizinischen Einrichtungen sind einmal als pflegerische Initiativen, häufig aus christlicher Motivation, entstanden. Die Medizin und neuerdings die Ökonomie haben die Pflegenden nicht nur unterstützt, sondern mehr und mehr auch bevormundet. Es besteht die vorrangige Aufgabe, das *Primat der Pflege* vor allen anderen Maßnahmen und Tätigkeiten im Gesundheitswesen wieder herzustellen. Ziel der Pflege ist es, die Selbständigkeit der Pflegebedürftigen zu erhalten, sobald als möglich wieder herzustellen, oder diese zu befähigen, mit Einschränkungen in der eigenen Lebensgestaltung umzugehen. Die Krankenpflege verdient als eigentliche Schlüsselfunktion des Gesundheitswesens eine fachliche, juristische und finanzielle Aufwertung gegenüber allen anderen Tätigkeiten, die begleitend und unterstützend hinzugekommen sind. Die Prioritätensetzung für die weitere Entwicklung im Gesundheitswesen kann nicht durch die Medizin und Ökonomie allein geschehen. Sie muss durch stärkere Beteiligung der Vertreter der Krankenpflege zustande kommen. Sie haben die humanitäre Schlüsselfunktion und verdienen bei den konzeptionellen Überlegungen mehr Aufmerksamkeit, als dies in den letzten Jahrzehnten der Fall war. Das gilt auch für die erforderliche Vernetzung von stationären und ambulanten Angeboten wie auch für die Sterbebegleitung. Da die Grenzen zwischen professioneller Pflege und Laienpflege oft fließend sind, ist für den Bereich der Laienpflege Rechtssicherheit zu schaffen und die dafür not-

wendige professionelle Beratung und Anleitung auch besonders zu honorieren.
- Im Bereich der Alten- und Behindertenhilfe muss es zu einer effektiven Kooperation von Krankenkassen, Rentenversicherern und überörtlichen Sozialhilfeträgern kommen. Es geht nicht an, bestimmte Leistungen jeweils dem anderen Kostenträger zuzuweisen, ohne eine Lösung für die Betroffenen gemeinsam herbeizuführen. Auch im Bereich des Gesundheitswesens sollten *neue Versorgungs- und Vergütungsformen* mit dem Ziel erprobt werden, eine zugleich optimale wie kostengünstige Versorgung kranker Menschen zu gewährleisten (Tageskliniken, Praxiskliniken, Polikliniken). Eine Verzahnung ambulanter und stationärer Angebote sollte besser als bisher ermöglicht werden.
- Das Gesundheitswesen hat in den letzten Jahrzehnten über immer mehr finanzielle Mittel verfügen können. Die Grunderfahrung, dass man mit stetig wachsenden Geldern rechnen kann, hat auch die Entwicklung – sowohl bei den Sach- wie bei den Personalkosten – bestimmt. Seit der Budget-Deckelung, orientiert am Jahresergebnis 1992, kann nur noch sehr begrenzt mit einer Aufstockung der Mittel gerechnet werden. Das stellt verschärft die Frage nach der *Qualitätssicherung* unter der Vorgabe eines kaum zu erhöhenden Budgets. Man kommt aus der damit gestellten Falle nur heraus, wenn Inhalte und Ziele medizinischer und pflegerischer Arbeit neu bestimmt, die begleitenden Dienste begrenzt und jene Maßnahmen eingestellt werden, die keine sichere Aussicht für die Besserung des Patienten eröffnen. Es muss weiterhin bestimmt und kontrolliert werden, wie unter diesen Bedingungen Leben erhalten wird,

Schmerzen gelindert werden und der Sterbende würdig begleitet wird. Auch die Hilfe bei dem würdevollen Sterben muss in medizinischen Einrichtungen als Leistung und nicht als Scheitern begriffen werden.

Die SenatorInnen der Martin-Luther-Universität ziehen am Reformationstag vor der Disputation in ihren historischen Talaren durch die Wittenberger Innenstadt zur LEUCOREA (Foto: Norbert Kaltwaßer)

Privatdozent Dr. Peter M. Jehle,

geboren 1963 in Ulm/Baden-Württemberg; nach dem Abitur in Ulm Zivildienst in der Diakonie; 1984–1990 Studium der Humanmedizin an der Universität Ulm mit Studienaufenthalten in Wien und Ohio/USA; 1990 Promotion mit summa cum laude zum Doktor der Medizin; 2000 Habilitation im Fach Innere Medizin an der Universität Ulm, 1998 Facharzt für Innere Medizin und Qualifikation als Diabetologe DDG; es folgten 1999 und 2000 die Teilgebietsbezeichnungen Nephrologie und Endokrinologie (Betreuung von über 10 Promotionen), mehr als 100 Publikationen, darunter Originalarbeiten – u. a. in The Lancet –, Übersichtsarbeiten, Kongressbeiträge und Buchbeiträge); Auszeichnung der wissenschaftlichen Arbeit durch die Deutsche Diabetes Gesellschaft und die Europäische Nierengesellschaft; seit Januar 2002 Chefarzt der 200 Betten umfassenden Klinik für Innere Medizin am evangelischen Krankenhaus der Paul-Gerhardt-Stiftung in der Lutherstadt Wittenberg, einem akademischen Lehrkrankenhaus der Martin-Luther-Universität Halle-Wittenberg; 2002 Umhabilitierung an die Martin-Luther-Universität (Fachgebiet Innere Medizin), seit Januar 2003 stellvertretender Vorsitzender im Vorstand der Stiftung Leucorea; Mitglied wissenschaftlicher Fachgesellschaften und Gutachter mehrerer medizinischer Zeitschriften.

Foto: privat

Können wir uns Krankheit in Zukunft überhaupt noch leisten?
Gedanken zur Gesundheitsreform aus der Sicht des Krankenhausarztes

Peter M. Jehle

Wie in den vorangegangenen Ausführungen bereits erläutert, steht unser Gesundheitssystem mehr denn je auf dem Prüfstand. Die Ausgaben im Gesundheitssystem sind von 2 020 Euro pro Einwohner im Jahr 1992 auf 2 740 Euro im Jahr 2001 angestiegen. Können wir uns Krankheit in Zukunft überhaupt noch leisten? In der Tat – wir brauchen eine Gesundheitsreform, die diesen Namen wirklich verdient. Die Gesundheitsreform hat sich zum Ziel gesetzt, eingefahrene und nicht mehr zeitgemäße Strukturen zu verändern und die Zusammenarbeit zwischen Ärzten, Krankenhäusern und anderen Leistungsanbietern im Gesundheitswesen zu verbessern. Zugleich möchte sie mehr Transparenz schaffen und den Wettbewerb um Qualität in Gang setzen. Aus meiner Sicht als Arzt ist dies längst überfällig und begrüßenswert.

Gut an der jetzigen Reform (GKV-Modernisierungsgesetz) ist, dass sie versucht, die Lasten auf alle Beteiligten im Gesundheitssystem zu verteilen. Auch die Krankenkassen sind aufgefordert, den Versicherten Anreize zu bieten. Insgesamt wird durch die Reform nicht nur die Freiheit des Versicherten, sondern auch der Stellenwert der Selbstbestimmung und Selbstverantwortung zunehmen. Dies sind bisher eher unbekannte Facetten des Gesundheitswesens.

Dennoch sind einige Punkte in der Gesundheitsreform zu kurz gekommen! Die Versicherten und Patienten werden oft als die großen „Verlierer der Reform" bezeichnet. Die zu leistenden Zuzahlungen und Leistungseinschränkungen sind nicht banal und durch Härtefallregelungen nicht wegzurechnen. Die 10 Euro-Regelung darf nicht dazu führen, dass finanziell schwächere Menschen sich den Arztbesuch nicht mehr leisten wollen und dann erst spät – vielleicht zu spät – einen Arzt konsultieren.

Die Reform stellt jedoch auch einen Gewinn für die Patientinnen und Patienten dar, der von vielen noch gar nicht gesehen wird und vielleicht in Zukunft die Nachteile aufwiegt. Grundsätzlich bleibt die freie Arztwahl erhalten. Damit ist eine Hauptforderung der Ärzteschaft erfüllt. Der Patient kann zwischen bestimmten Angeboten wählen und wird von der integrierten Versorgung profitieren. Vielerorts werden sich Gesundheitszentren bilden. Mancher in unserem Land sieht die Polikliniken wieder entstehen, die wir damals in der DDR für wegweisend hielten und die aus nicht nachvollziehbaren Gründen nach der Wende aufgelöst wurden. Die Position des Hausarztes als „Lotse" im Gesundheitssystem ist im Ansatz richtig. Die Umsetzung dürfte aber erhebliche Probleme bereiten, zumal es in einzelnen Regionen – wie gerade in Sachsen-Anhalt – jetzt schon zu wenig Ärzte gibt. Das Durchschnittsalter der Hausärzte in den neuen Bundesländern beträgt 57 Jahre. Jüngsten Berechnungen zu Folge werden bis zum Jahr 2011 23 000 Hausärzte aus Altersgründen ausscheiden, ohne dass Nachfolger in Sicht sind. Einfacher wird es für die niedergelassenen Kollegen nicht. Statt mehr Zeit für die Patienten zu haben, müssen sie in Zukunft noch als Kassierer der besagten 10 Euro pro Quartal agieren. Ärzte sind keine Krämer! Sehr geehrter Herr Ministerpräsident Professor Böhmer, ich glaube, die Defizite im Budget müsste man mittel- und langfristig anderweitig ausgleichen, und zwar durch eine stärkere Betonung der Präventivmedizin. Dies möchte ich im Folgenden erläutern.

Jede Reformierung des Gesundheitssystems sollte primär bei der Vermeidung von Krankheiten beginnen. Vorbeugen ist besser als Heilen. Hierzu müsste auch die vernachlässigte Gesundheitserziehung unserer Kinder intensiviert werden. Ein kurzes Beispiel sei mir erlaubt. Ich wurde in den letzten Monaten von mehreren Wittenberger Schulen gebeten, gemeinsam mit den Pädagogen den Schülerinnen und Schülern die Gefahren des Rauchens nahe zu bringen. Ein Großteil der Jugendlichen beginnt bereits zwischen dem 10. und 11. Lebensjahr mit dem Rauchen, später kommen dann häufig Alkohol- und Drogenprobleme hinzu. Hier muss sich dringend etwas ändern. Die Gesundheitsreform darf die jüngsten Mitglieder unserer Gesellschaft nicht vergessen! Die nachwachsende Generation sollte, wenn schon weniger zahlreich vorhanden, dann doch zumindest gesund sein. Hier müssten auch mehr Landesmittel in Präventionsprogramme und Suchtberatungsstellen fließen. Die Nachhaltigkeit dieser Ausgaben steht außer Frage!

Welche Erkrankungen gilt es, im Rahmen der Diskussion um die Gesundheitsreform anzusprechen? Bis Anfang des 20. Jahrhunderts stellten die Infektionskrankheiten die Haupttodesursache dar. Gerade präventivmedizinische Maßnahmen wie etwa die Verbesserung der Hygiene führten damals zur Eindämmung dieser Erkrankungen und sind als Meilenstein in die Geschichte der Medizin eingegangen. Warum sollte die Präventivmedizin heute nicht wieder ähnliche Erfolge bei den modernen

Seuchen aufweisen können? Sehr geehrter Herr Professor Gostomzyk, hier empfand ich Ihre Position als etwas zu pessimistisch.

Heute sind die Herz-Kreislauf-Erkrankungen weltweit die Todesursache Nummer eins. Herzinfarkt und Schlaganfall zählen zu den teuersten Erkrankungen und werden durch Risikofaktoren wie erhöhter Blutdruck, Übergewicht, Rauchen und vor allem Diabetes mellitus, die Zuckerkrankheit, entscheidend begünstigt. Zucker schmeckt süß, die Zuckerkrankheit wird mehr und mehr zur bitteren Pille. In Deutschland ist die Diabeteshäufigkeit von 0,6 Prozent Anfang der sechziger Jahre auf 4,8 Prozent in Jahr 1988 angestiegen. Eine Untersuchung von 1999 zeigte einen weiteren Anstieg auf alarmierende 8,2 Prozent! Bei der Gruppe der 61- bis 70-jährigen Männer waren sogar 29 Prozent an Diabetes Typ-2 erkrankt. Hier sei angemerkt, dass Infektionserkrankungen bei Überschreiten der 5-Prozent-Marke als Epidemie bezeichnet werden. Was früher die Pest war, ist heute die Diabetes-Epidemie! In einer im Jahr 2001 veröffentlichten Studie zeigte sich, dass in Deutschland Diabetes Typ- 2 jährlich ca. 6 000 Erblindungen, 8 000 dialysepflichtige Nierenversagen, 27 000 Herzinfarkte, 28 000 Amputationen von Gliedmaßen und 44 000 Schlaganfälle verursacht. Die Gesamtkosten des Diabetes und seiner Folgeerkrankungen belaufen sich demnach in Deutschland auf 16 Mrd. Euro. Dies wird meist stillschweigend hingenommen. Diabetes ist eine Volkskrankheit geworden, an die sich die Bevölkerung in erschreckender Lethargie gewöhnt hat. Dem gilt es Einhalt zu bieten! Großangelegte Untersuchungen zur Prävention des Diabetes und der Herz-Kreislauf-Erkrankungen wurden überwiegend im angloamerikanischen Raum durchgeführt und dort im Hinblick auf mögliche Einsparungen im Gesundheitssystem auch umgesetzt. Hier haben wir viel aufzuholen.

Wie kann die Diabeteshäufigkeit zurückgedrängt werden? Die grundlegenden Erkenntnisse stammen bereits aus dem Altertum und werden durch die neuen Befunde der molekularen Medizin bestätigt. Diabetesprävention beginnt mit der Balance von körperlicher Bewegung und Ernährung. Im Buch Jesus Sirach klingt die Empfehlung zur gesunden Ernährung in der Übersetzung Martin Luthers sehr kraftvoll. Ich zitiere : „Mein Kind, prüfe was Deinem Leibe gesund ist / und siehe / was ihm ungesund ist / das gib ihm nicht. Überfülle dich nicht mit allerlei niedlicher Speise / und friss nicht zu gierig. Denn viel Fressen macht krank / und ein unsättiger Fraß kriegt das Grimmen. Viel haben sich zu Tod gefressen / Wer aber mäßig isst / der lebet desto länger." (Siehe Abbildung des Originaltextes auf der folgenden Seite.)

Diese Worte werden in erschreckender Weise durch aktuelle Daten der medizinischen Epidemiologie bestätigt! In unserer heutigen Spaßgesellschaft grassiert das Motto: „Ein Stück Schokolade enthält gerade soviel Energie, wie man braucht, um noch eins zu nehmen!"

Welche Volkskrankheiten könnten wir, dem Beispiel anderer Länder folgend, ebenfalls präventiv angehen? In Deutschland liegt bei 20 Millionen Menschen eine Vergrößerung der Schilddrüse vor, die vor allem durch Jodmangel bedingt ist. Die Deutsche Gesellschaft für Ernährung stellte fest, dass in Folge des Jodmangels jährlich immer noch 100 000 Schilddrüsenoperationen durchgeführt werden müssen. Die Gesamtkosten für Diagnose und Therapie dieser Erkrankung, die „überflüssig wie ein Kropf" ist, betragen jährlich 1 Milliarde Euro. In Staaten mit gesetzlich verordneter Jodierung des Trinkwassers, wie z. B. der Schweiz oder den USA, konnte ein Rückgang der durch Jodmangel bedingten Schilddrüsen-Erkrankungen um 90 Prozent dokumentiert werden.

Jesus Syrach. CXXXVIII. CXCVI.

EIn weiser Man wird hoch gelobt/Vnd alle die jn sehen/preisen jn.

EIn jglicher hat ein bestimpte zeit zu leben/Aber Israels zeit hat keine zal.

EIn Weiser hat bey seinen Leuten/ein gros ansehen/Vnd sein name bleibet ewiglich.

XXXVIII.

MEin Kind/prüfe, was deinem Leibe gesund ist/vnd sihe/was jm vngesund ist/das gib jm nicht. Denn allerley dienet nicht jederman/So mag auch nicht jederman allerley.

VBerfülle dich nicht mit allerley medlicher Speise/vnd friss nicht zu gitig. Denn viel fressen macht kranck/vnd ein vnsettiger Fras kriegt das grimmen.

VIel haben sich zu tod gefressen/Wer aber messig ist/der lebet beste lenger.

EHre den Artzt mit gebürlicher Verehrung/das du jn habest zur not. Denn der HERR hat jn geschaffen/vnd die Ertzney kompt von dem Höhesten/vnd Könige ehren jn. Die kunst des Artzts erhöhet jn/vnd macht jn gros bey Fürsten vnd Herrn.

DEr HERR lesst die Ertzney aus der Erden wachsen/vnd ein Vernünfftiger veracht sie nicht. Ward doch das bitter Wasser süsse/durch ein Holtz/Auff das man seine krafft erkennen solte. Vnd er hat solche kunst den Menschen gegeben/das er gepreiset würde in seinen Wunderthaten. Damit heilet er vnd vertreibt die schmertzen/vnd der Apoteker macht Ertzney draus. Summa/Gottes werck kan man nicht alle erzelen/Vnd er gibt alles was gut ist auff Erden.

MEin Kind/wenn du kranck bist/so verachte dis nicht/sondern bitte den HERRN/so wird er dich gesund machen. Las von der sünde/vnd mache deine Hende vnstrefflich/vnd reinige dein Hertz von aller missethat/Opffer/süssen geruch/vnd Semel zum Gedenckopffer/vnd gib ein fett opffer/als müstestu davon. Darnach las den Artzt zu dir/Denn der HERR hat jn geschaffen/vnd las jn nicht von dir/weil du sein doch bedarffest. *(Las von) Erstlich werde from. Zum andern las für dich bitten Zum dritten/brauche denn des Artzt.*

ES kan die stunde komen/das dem Krancken allein durch jene geholffen werde/wenn sie den HERRN bitten/das mit jm besser werde/vnd gesundheit kriege/lenger zu leben. *(Jene) Betten hilfft mehr denn ertzneien/Vnd der Priester thut mehr denn der Artzt. Aber man ists nicht gewon/Darumb acht man des betens vnd der Priester weniger.*

WEr für seinem Schepffer sündigt/Der mus dem Artzt in die hende komen.

MEin Kind/wenn einer stirbt/So beweine jn/vnd klage jn/als sey dir gros leid geschehen/Vnd verhülle seinen Leib/gebürlicher weise/vnd bestate jn ehrlich zum Grabe. Du solt bitterlich weinen/vnd hertzlich betrübt sein/vnd leide tragen/darnach er gewest ist/zum weinigsten ein tag oder zwen/Auff das man nicht vbel von dir reden müge. Vnd tröste dich auch wider/das du nicht trawrig werdest/Denn von trawren kompt der Tod/vnd des hertzen trawrigkeit schwechet die krefft.

TRawrigkeit vnd Armut thut dem hertzen wehe in der anfechtung/vnd vbertrit.

LAs die Trawrigkeit nicht in dein Hertz/sondern schlahe sie von dir/vnd dencke ans ende/vnd vergiss nicht/Denn da ist kein widerkomen/Es hilfft jn nicht/vnd du thust dir schaden. Gedencke an jn/wie er gestorben/so mustu auch sterben/Gestern wars an mir/Heute ists an dir. *(Vbertrit) Fellt die masse nicht. (Ans ende) Wie Dauid vber sein Kind vnd spruch/Ich wird zu jm/Jer kompt nicht wider etc. Nihil heer-Godte nbi.*

WEil der Todte nu in der ruge ligt/So höre auch auff sein zu gedencken/Vnd tröste dich wider vber jn/weil sein Geist von hinnen gescheiden ist.

XXXIX.

Trotz der wegweisenden Beispiele anderer Länder fristet die Präventivmedizin in unserem Land eher ein Schattendasein. Warum ist dies so? Innovative Therapien, wie zum Beispiel Organ- oder Stammzelltransplantation, werden in der Öffentlichkeit wesentlich mehr beachtet als probate Strategien zur Vorbeugung von Erkrankungen. Ist Prävention etwa zu wenig wissenschaftlich? Der am Experiment orientierten naturwissenschaftlichen Medizin fällt es schwerer, die Effektivität von Maßnahmen für Erkrankungen darzustellen, die in der Zukunft mit gewisser Wahrscheinlichkeit auftreten oder eben nicht auftreten, als sie dies für Heilungserfolge bei akuten Krankheiten vermag.

Was muss sich ändern, damit Prävention gelingt?

- Gesundheitsvorsorge muss gesellschaftlich stärker verankert werden.
- Präventivmedizin muss als eigenständiges Fach an den Universitäten unterrichtet werden (wie jetzt mit der neuen Approbationsordnung für Ärzte geregelt) und aus dem Schattendasein treten.
- Alle Beteiligten müssen in Prävention mehr investieren.
- Gesundheitsbewusstes Verhalten muss belohnt werden.
- Präventivärztliches Handeln ist besser zu honorieren.

Die aktuelle Gesundheitsreform bietet erstmals konkrete Spielräume für präventivmedizinische Programme. Diese gilt es auszunutzen und weiter zu entwickeln. Es sollte gelingen, die Ziele der Medizin (z. B. Prävention anstelle von Reparaturmedizin, Eindämmung der Wohlstandserkrankungen, Krebsfrüherkennung und -vorsorge) mit denen aus Politik und Gesellschaft (Kostendämpfung, soziale Gerechtigkeit) in Einklang zu bringen. In der Betonung dieser Synergieeffekte liegt eine Chance der Reformierung des Gesundheitswesens. Wir alle sind aufgefordert, zu ihrem Gelingen beizutragen. Die Ärzteschaft ist gewillt, ihren Beitrag zu den notwendigen Strukturveränderungen in unserem Gesundheitswesen zu leisten. Es wird viel Kraft kosten, die Chancen der Gesundheitsreform bei dem bereits bestehenden und noch zunehmenden Ärztemangel effektiv umzusetzen. Deshalb möchte ich am Ende meiner Replik eine dringende Bitte an die Politik und die Kostenträger richten. Diese lautet: Weniger Bürokratie!

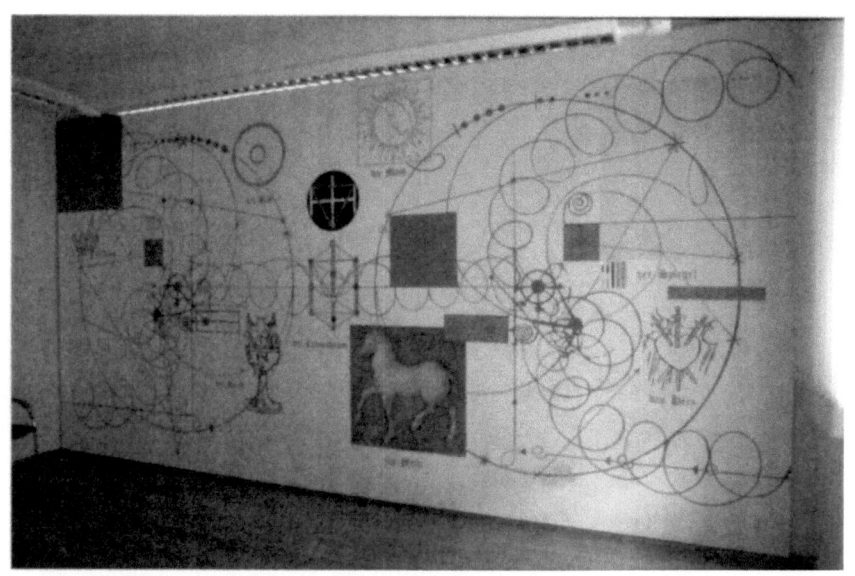

Wandgestaltung von Gleb Ganasin im Konferenzraum der Stiftung LEUCOREA
(Foto: Archiv LEUCOREA)

Professor Dr. Georg Frank,

geboren 1942 in Grailsheim; Studium der Biologie und Chemie an der Universität Tübingen, 1970 Diplom in Biologie, 1972 Promotion im Fachbereich Chemie, anschließend Assistent am Institut für Chemische Pflanzenphysiologie der Universität Tübingen; 1973 Leitung des Labors für Klinische Chemie und Hämatologie am Institut für Toxikologie der Bayer AG; 1981 Mitarbeiter der Ames Division in QA, R&D, zuletzt Vice President Reagent Manufactering d. Miles Incorporation in Elkhardt (USA);

1987 Ressortleiter Forschung und Entwicklung des Geschäftsbereichs Selbstmedikation der Bayer AG, 1992 Leitung des Ressorts Strategische Geschäftsentwicklung im gleichen Geschäftsbereich; 1995 Bereichsleiter des Selbstmedikationsbetriebs Europa/Bayer Bitterfeld GmbH; seit Juni 1997 Geschäftsführer der Bayer Bitterfeld GmbH; seit September 1999 außerdem Geschäftsführer der IAB Ionenaustauscher GmbH Bitterfeld; seit 2003 Honorarprofessor an der Mathematisch-Naturwissenschaftlichen Fakultät der Martin-Luther-Universität Halle-Wittenberg

Foto: Archiv Bayer Bitterfeld GmbH

Was müssen wir tun, damit unsere Gesundheit bezahlbar bleibt?

Georg Frank

Das Thema der heutigen Disputation lautet „... in welchem Gesundheitssystem wollen wir leben?" Die Frage nach dem Ziel – Was sollte das Gesundheitssystem hierzu beitragen? – hat, so glaube ich, Professor Wolfgang Böhmer ganz treffend beantwortet. Er sagte: „Jedem jederzeit das medizinisch Notwendige bieten, solidarisch finanziert". Er hat dann auch die Frage gestellt, wie entschieden werden kann, was „medizinisch notwendig" ist. Hier lässt sich ein Vergleich zur Industrie herstellen. Zu unseren Aufgaben gehört auch die Gesundheitsvorsorge, wobei bestimmte Standards gefordert werden. Da heißt es: Wir müssen uns nach dem derzeitigen Stand der Technik richten, was man so interpretieren kann: Es sollte fast immer das Beste geboten werden. Und das wird sicherlich auch generell dem Wunsch der Patienten gerecht.

Zum heutigen Thema lässt sich vieles sagen, ich möchte mich in meinem Vortrag auf drei Punkte beschränken. Vorangestellt sei aber, dass es sich um ein sehr kompliziertes Thema handelt. Wenn wir komplizierte Systeme oder komplizierte Vorgänge betrachten und analysieren, ist es gut, nicht kurzfristig von einem Tag auf den nächsten, sondern auf längere Zeiträume zu blicken, weil dann die Entwicklungen klarer werden. Mit anderen Worten:

Versuchen wir, komplizierte Systeme auf einfache, wahre Zusammenhänge zu reduzieren.

Die drei Problemkreise meines Beitrages sind:

- Beitragssätze, Finanzierung – wie viel Geld ist uns unsere Gesundheit wert?
- Eigenverantwortung – was können wir als Menschen, als Patienten, in Eigenverantwortung leisten und tun?
- Wie können wir sicher stellen, dass auch in Zukunft medizinischer Fortschritt, das medizinisch Mögliche, auf der Grundlage von vernünftigen, tragbaren Kosten weiterentwickelt wird?

Erstens: Beitragssätze, Finanzierung – wie viel Geld ist uns unsere Gesundheit wert?

In der derzeitigen Situation heißt es, die Beitragssätze – sie liegen im Augenblick bei ca. 14,4 Prozent – müssten auf einen bestimmten Satz begrenzt werden. Das halte ich für eine Illusion. Warum? Blicken wir auf die Vergangenheit. Im Jahr 1970 lag der Beitragssatz bei 8 Prozent, heute beträgt der durchschnittliche Beitragssatz 14,4 Prozent. Dies liegt nicht nur an der hohen Arbeitslosigkeit, sondern auch an einigen anderen Ursachen. Eine wurde schon erwähnt – die alternde Bevölkerung. Dies wird weiter gehen, wie Professor Böhmer ausführt: Im Schnitt alle zehn Jahre wird die Lebenserwartung der Bevölkerung ein Jahr höher.

Eine zweite Ursache ist der medizinische Fortschritt. Lothar Späth sagte einmal in einer ähnlichen Diskussion: „Früher war das alles einfach: Jemand bekam einen Herzinfarkt und ist dann sozialverträglich verstorben. Heute machen wir eine teure Bypassoperation und der Mensch fällt den Sozialversicherungen für weitere zwanzig Jahre zur Last". Medizinischer Fortschritt ist von jedem von uns gewollt, weil wir ja möglichst lange möglichst gut leben wollen.

Eine dritte Ursache besteht in der Ausweitung der zivilisatorischen Krankheiten. Weil es uns zu gut geht, haben z. B. sehr viele Menschen Herz-Kreislauf-Erkrankungen. Neuerdings, aber noch dramatischer, kommt die Zunahme des Diabetes oder aber auch die Zunahme der Allergien hinzu. All das sind Entwicklungen, die zu höheren Ausgaben führen.

Hinzu kommt ferner, dass die Menschen höhere Ansprüche entwickelt haben. Während früher eine alte Frau auf Krücken über die Straße ging, wünscht sie heute eine neue Hüfte – und bekommt sie auch. Doch Hüften sind teurer als Krücken. Der medizinische Fortschritt und die Etablierung neuer Standards bringen es mit sich, dass gezielter und früher behandelt wird. Das betrifft beispielsweise den Bluthochdruck, der inzwischen auf niedrigere Grenzwerte hin (jetzt 85/135 RR) therapiert wird. Ganz zu schweigen von sehr teuren Therapien, wie der Therapie der Bluterkrankheit, bei der über die Gabe von Faktor VIII ein nahezu normales Leben ermöglicht werden kann. Der Nachteil einer solchen Therapie: Sie kostet im Jahr 100 000 Euro. Wenn man sich vorstellt, dass für einige andere Krankheiten ähnliche Erfindungen gemacht würden wie Faktor VIII und dass Patienten entsprechend teuer behandelt werden müssten, stellt sich die Frage: Ist das finanzierbar oder nicht?

Der letzte, entscheidende Punkt der Kostenfrage ist in der menschlichen Psyche begründet. Jeder, der im Alter erkrankt, ist willens, sein angespartes Geld – gewissermaßen den letzten Pfennig – für seine Gesundheit auszugeben, manchmal sogar nur für die Hoffnung auf Gesundung. Bei einer solchen Haltung und Erwartung von

Menschen wird man kein Verständnis für die Forderung finden, die Kosten für das Gesundheitswesen auf einen bestimmten Prozentsatz des Bruttosozialprodukts zu begrenzen.

Ein weiterer wichtiger Aspekt der Finanzierung ist die paritätische Form der Beitragsfinanzierung in unserem Sozialversicherungssystem. Die eine Beitragshälfte zahlt der Arbeitnehmer, die andere Beitragshälfte das Unternehmen, der Arbeitgeber. Als ich dies einmal einem amerikanischen Freund erklärte, meinte der etwas nachdenklich, das sei aber reichlich kompliziert: „Warum zahlt ihr euren Angestellten nicht gleich ein richtiges Gehalt und der Angestellte zahlt dann seinen Krankenversicherungsbeitrag selber?" Diese Antwort hat mich nun wieder etwas nachdenklich gemacht. Wenn ich mich in die Position des Geschäftsführers einer Firma versetze, blicke ich auf verschiedene Kostenblöcke: Energie, Abschreibung, Personalkosten. In den Personalkosten ist alles zusammengefasst – sei es das Bruttoeinkommen der Mitarbeiter, seien es die Beiträge, die von der Firma an die Krankenversicherung oder die Rentenversicherung entrichtet werden. Derzeit ist es eben so, dass der Mitarbeiter den Betrag, den die Firma an die Sozialsysteme abführt, nicht als Gehalt ausgezahlt bekommt. Das ist relativ einfach, wird aber meistens nicht erkannt.

Zweitens: Eigenverantwortung – was können wir als Menschen, als Patienten, in Eigenverantwortung leisten und tun?

In den vergangenen Jahren lief die gesamte Diskussion zur Kosteneinsparung im Gesundheitswesen auf Themen wie Arzneimittelbudgets und Festbeträge hinaus. Ein Aspekt kommt in dieser Diskussion fast nie vor – der Patient. Ich denke, bei ihm liegt wirklich die größte Möglichkeit der Kosteneinsparung, wenn er die richtigen Anreize erhält und das richtige Verständnis hat. Es ist mir schwer verständlich, dass die Patienten nie eine ärztliche Rechnung bekommen. Ihre Behandlung wird finanzierungstechnisch abgebucht, aber über die Behandlungskosten erfahren sie nichts.

Zu einem anderen, mir ebenfalls nicht verständlichen Aspekt, möchte ich einen Vergleich bemühen. Wenn ich an meinem Auto oder Haus eine Reparatur durchführen lasse, hole ich einige Kostenvoranschläge ein und treffe dann eine Entscheidung im Sinne der besten Mischung von Qualität und Preis. Wenn ich aber mit dem Anliegen einer Behandlung einen Arzt konsultiere, kommt das Thema „Qualität und Preis" nie vor, obwohl es eigentlich interessant sein müsste. Meines Erachtens sollte einiges auf die Patienten verlagert und ihnen mehr Entscheidungsspielraum gegeben werden.

Ein weiterer Aspekt: Wie lassen sich Standards des „medizinisch Notwendigen" definieren? Was soll die gesetzliche Krankenversicherung tragen und was nicht? Hierzu wieder ein Beispiel. Gerade habe ich einen Kollegen in den USA besucht, der wegen Problemen im Fernsichtbereich eine Laserbehandlung der Augen vornehmen ließ. „Das Ergebnis der Operation? Prima! Und was hat es gekostet? 4 000 Dollar. Oh, recht teuer." Der Meinung war er auch. Aber er hatte seines Erachtens die beste Entscheidung getroffen, weil er endlich wieder gut sehen und Basketball spielen konnte, ohne sich dauernd den Schweiß unter der Brille wegwischen zu müssen. Die Definition des „medizinisch Notwendigen" irgendwelchen Gremien zu überlassen und nicht primär den Patienten, halte ich demnach nur für die zweitbeste Lösung.

Der nächste Punkt: Die Wahlmöglichkeit bei den Versicherungen. Es will mir nicht einleuchten, dass bei der Autoversicherung zwischen Voll-, Teilkasko und Haftpflicht gewählt werden kann, während es analog im Gesundheitssystem nicht möglich sein sollte. Ich selbst würde ein Wahlmodell bevorzugen und mir auch zutrauen, die richtigen Entscheidungen zu treffen.

Vorsorge stärken! Es gibt Krankheitsformen, die durch die Lebensweise bedingt und durch vernünftiges Verhalten recht gut zu beeinflussen sind. Zur Vorsorge gehören auch die Bereiche der Früherkennung und Prophylaxe, die verstärkt werden müssen. Hier sind den Versicherten ebenfalls die nötigen Anreize zu geben, um sich zu entscheiden.

Insgesamt ist unser Krankenversicherungssystem so strukturiert, dass es sich an den Schwächsten in der Gesellschaft hinsichtlich der Entscheidungsmöglichkeiten orientiert. Ich würde mir aber ein System wünschen, das sich vielleicht an den 80 Prozent der Bevölkerung orientiert, die für sich selber Entscheidungen treffen könnten, und das den anderen Menschen die entsprechende Hilfeleistung gibt. Das wäre eine vernünftigere Gestaltung, als ein Gesundheitssystem im Hinblick auf die Menschen zu strukturieren, die vielleicht selbst nicht in der Lage sind, die für sich richtigen Entscheidungen zu treffen.

Drittens: Wie soll es künftig weitergehen? Wie kann der medizinische Fortschritt gesichert werden?

Jeder wünscht sich bessere Gesundheit, ein längeres Leben. Dies wird sich nur erreichen lassen, wenn mehr in die Forschung investiert wird. Denken wir etwas zurück. Vor zwanzig Jahren konnte noch mit gutem Recht gesagt werden, dass „Deutschland die Apotheke der Welt" ist. Wenn Sie heute auf die größten Pharma-Firmen der Welt blicken, gibt es darunter keine deutschen mehr. Wir standen früher erheblich besser da und sind im internationalen Wettbewerb deutlich zurückgefallen. Das hat auch etwas mit den Rahmenbedingungen zu tun. Viele davon haben wir schon angesprochen – Festbeträge und anderes. Es hat aber auch damit zu tun, dass in der Politik häufig falsche Entscheidungen getroffen werden. Ich möchte hier nur beispielhaft auf die Gentechnologie hinweisen, die ja aus Deutschland mehr oder weniger vertrieben wurde. Vor einigen Jahren nun hat die Politik Programme auf den Weg gebracht – steuerfinanziert – zur Rückholung der Gentechnologie nach Deutschland über Bioregio-Wettbewerbe und ähnliches.

Das Land Sachsen-Anhalt hat sich zur grünen Gentechnologie bekannt. Es gibt hierfür viel Geld aus und erst am 30. Oktober konnten Sie in der Zeitung lesen, dass Verbraucherministerin Renate Künast einen Freilandversuch zunächst gestoppt hat, wobei die betreffende Forschung zuvor aus Steuermitteln mitfinanziert worden ist. *(Inzwischen wurde der Versuch freigegeben, die Redaktion.)*

Jeder Forscher möchte die Ergebnisse seiner Arbeit in der Praxis genutzt sehen. Wenn das hier in Deutschland nicht möglich ist, dann werden die Forscher – zumindest die guten – sich Standorte suchen, wo sie dies verwirklichen können.

Wir brauchen das gleiche wie auf dem Gebiet der Gentechnologie auch auf dem Gebiet der neuen Arzneimittel. Wir hörten vorhin die kritische Bemerkung, es gebe viele neue Arzneimittel, die aber eigentlich nichts Neues darstellen und die den hohen Preis nicht rechtfertigen. Es erscheint mir ein bisschen schwierig, dies zu entscheiden.

Ich könnte mir vorstellen, dass vor zwanzig Jahren der Vertreter einer Krankenkasse gesagt hätte: Aspirin für einen Herzinfarkt bezahlen wir nicht, da nicht bewiesen ist, dass es hilft. Heute weiß dies fast jedes Kind und Aspirin ist eine sehr effiziente und eine sehr günstige Behandlungsmethode. Deshalb bin ich mit den Einschätzungen, wie gut oder schlecht ein Arzneimittel ist, immer ein wenig vorsichtig.

Ein weiterer Punkt: Wir müssen sehr viel mehr in epidemiologische Studien investieren, die in Langzeitbeobachtungen ermitteln, welche Behandlungsmöglichkeiten die besten Erfolge bei günstigsten Kosten bringen. Lassen Sie mich zusammenfassen:

- Bei der Entscheidung über das „medizinisch Notwendige" sollte die Maxime lauten, dass eine gute medizinische Versorgung Priorität vor den Kosten hat. Ich denke, das ist der Wunsch eines jeden Patienten.
- Die meisten Menschen sind in der Lage, mehr Eigenverantwortung zu übernehmen. Diese sollten wir auch zulassen oder einfordern.
- Wenn wir langfristig weiter Erfolge auf dem Gebiet der Gesundheit haben wollen, wird kein Weg daran vorbeiführen, mehr Geld in die Forschung zu investieren. Dies möchte ich nicht so verstanden wissen, dass der Staat mehr Steuergelder aufwendet, sondern dass die Rahmenbedingungen so gesetzt werden, dass die Industrie von selbst wieder mehr Geld für die Forschung ausgibt.

Erwiderungen

Lutherdenkmal auf dem Wittenberger Marktplatz, nach einer Idee aus Eisleben entworfen von Johann Gottfried Schadow (1764–1859), errichtet auf Wunsch des preußischen Königs Friedrich Wilhelm III. (Grundsteinlegung 1817, Enthüllung 1821); Gesamthöhe 9,60 m

(Foto: Foto-Studio Wilfried Kirsch)

Stärkere, im System verankerte Eigenverantwortung

Wolfgang Böhmer

Mir ist beim Zuhören so manches durch den Sinn gegangen. Ich hatte es am Anfang einfach und musste nur die Zielkonflikte beschreiben. Jetzt will ich es mir nicht so einfach machen, deshalb sage ich: Für mich ergeben sich einige Konsequenzen, die sicherlich die Probleme für die nächsten Jahrzehnte nicht alle lösen werden – das weiß ich wohl –, aber es sind Konsequenzen, die in der nächsten Zeit unverzichtbar sind.

- Die Vorstellung, dass in dem Gesundheitssystem wesentliche Steuerungsmöglichkeiten durch mehr Wettbewerb organisiert werden könnten, halte ich für falsch. In diesem System können Ärzte jeden Tag die Nachfrage so induzieren, dass das System – wenn man es auf Wettbewerb auslegt – immer teurer wird. Deswegen ist es meines Erachtens ein falscher Ansatz, obwohl er in der öffentlichen Diskussion immer wieder zu hören ist. Damit meine ich nicht „ohne Wettbewerb", also Staatsmedizin. Doch man darf nicht denken, dass mit Selbstregulierung durch Wettbewerb wesentliche Effizienzreserven zu erwirtschaften sind.
- Es ist wichtig, das medizinische Haftungsrecht neu zu definieren. Denn es gibt eine Reihe von Urteilen – die den meisten Ärzte bekannt sind und aus deren Kennt-

nis heraus sie z. T. Leistungen erbringen oder veranlassen, um sich selber abzusichern und um nicht in juristische Konflikte zu geraten –, die das System teuer machen. Ganz offen sage ich: Es gab ehemals in der DDR ein medizinisches Haftungsrecht, das für das Gesundheitssystem besser geeignet war, als das jetzige. Darum muss man darüber nachdenken, wie daran das eine oder andere geändert werden könnte. Das erscheint mir notwendig, und zwar relativ rasch.

– Der Ausbau einer integrierten Versorgung scheiterte bisher an den organisierten Ärzteverbänden. Trotzdem halte ich diesen Weg für völlig richtig. Das ist bei mir keine „biographische Erblast". Ich habe 30 Jahre lang erlebt, dass es vorteilhaft ist, wenn Krankenhäuser auch Ambulanzen haben. Allerdings ist dabei zu beachten, dass es einerseits zu keinem Verdrängungswettbewerb kommt und dass andererseits die Zusammenarbeit zugunsten der Patienten und zur Vermeidung von Wiederholungsuntersuchungen gestärkt wird. Hier gab und gibt es erhebliche Vorbehalte bei den organisierten Verbänden. Trotzdem werden wir diesen Weg mit relativer Konsequenz weitergehen müssen.

– Wenn das Gesundheitssystem zukunftsfähig finanziert werden soll, ist es aus meiner Sicht notwendig, von einer Pflichtversicherung zu einer Versicherungspflicht überzugehen. Dabei müssten durchaus verschiedene Versicherungsmöglichkeiten bestehen. Eine Einheitsversicherung halte ich für ungünstig, weil unterschiedliche Versicherungsangebote entfallen würden; das wäre kein optimales Versicherungssystem. Deshalb befürworte ich, dass es verschiedene Versicherungen geben soll. Es kommt nicht auf eine große Vielzahl an, aber es muss unterschiedliche Angebotsmöglichkeiten geben. Es sollte eine Versicherungspflicht bestehen, bei der jeder Einzelne entscheiden kann, welche Versicherungsvariante er bevorzugt, und deren Unterschiede vor allem im Bonussystem liegen sollten. Wenn Sie, lieber Herr Jehle, aus Sirach zitieren, dann sprechen Sie Dinge aus, die der Gattung Homo sapiens seit 2 300 Jahren bekannt sind – und trotzdem richtet sie sich immer weniger danach. Aber über staatliche Maßnahmen lösen wir das Problem der Prävention nicht. Wir wollen keinen Zwangsbeglückungsstaat organisieren. Wir können die Ziele der Prävention nur unter Wahrung individueller Freiheit organisieren, und das nur, wenn eine Eigenverantwortung zugrunde gelegt wird, die sich bei unterschiedlichen Versicherungsangeboten über ein Bonussystem ausdrückt. So wäre es meines Erachtens erreichbar, dass sich Prophylaxe und sogar die Änderung von Ernährungsgewohnheiten lohnen. Was denken Sie, wie gerne ich Wurst esse. Aber ich verkneife es mir, seitdem ich gehört habe, dass mir das nicht bekommt und schädlich ist. Doch das setzt tägliche Willensentscheidungen voraus. Zu denen wird ein Mensch ermutigt, wenn er weiß, dass es ihn sonst höhere Gesundheitsausgaben kostet. Eigenverantwortung lässt sich nicht durch staatliche Fürsorge ersetzen, wenn wir eine bestimmte lebenswerte Gesellschaft behalten wollen. Es kann nicht vom Gesetzgeber verlangt werden, dass er dies durch Gesetze umsetzt. Darüber müssen wir uns im Klaren sein und deswegen brauchen wir ein Versicherungssystem, in dem Eigenverantwortung belohnt wird.

– Einige Worte noch zum Kostenerstattungsprinzip. Es gibt mehrere Länder, in denen nach diesem Prinzip verfahren wird. Aber ist es wirklich günstig? Ich habe es schon miterlebt, wie bei der AOK großer Andrang herrschte von Menschen, größtenteils Rentnern, mit Rechnungen über ihre Zahnprothetik, die sie nicht verstanden. Das in unserem Land bestehende Sachleistungsprinzip ist patientenfreundlicher. Doch jetzt argumentiere ich einmal in die Gegenrichtung. Wenn man gelegentlich Arztrechnungen gezeigt bekommt, hat man schon die Idee, dass es so schlecht wohl nicht wäre, wenn Patienten diese Rechnungen verständen. Das hätte wohl schon eine Wirkung auf das Verhalten. Daher lohnt es durchaus, über ein solches System nachzudenken. Es impliziert allerdings einen Verwaltungsaufwand. Dieses Verfahren zu wollen und außerdem weniger Verwaltungsaufwand und Bürokratie zu fordern – da beißt sich die Katze in den Schwanz. Gleichwohl, es sind Konzepte, über die wir sprechen müssen bei unserem Ziel, zukunftsfähige Lösungen zu erreichen. Doch eines ist für mich sicher – es wird kein Gesundheitssystem in der Zukunft bezahlbar sein, in dem Eigenverantwortung durch staatliche Fürsorge ersetzt wird. Wir brauchen eine stärkere, im System verankerte Eigenverantwortung. Man darf nicht immer nach dem Staat rufen, sondern man muss (auch) nach der Verantwortung des Einzelnen rufen.

Mehr Information und Transparenz im Gesundheitswesen

Doris Pfeiffer

In einem Punkt sind wir uns alle einig: Die Prävention muss gestärkt werden. Das neue Gesetz bietet dazu weitere entscheidende Möglichkeiten: durch Boni für Prävention, durch Zuzahlungsermäßigungen bei der Teilnahme an strukturierten Behandlungsprogrammen, etwa zur Behandlung von Diabetes, einschließlich ihrer motivierenden Wirkung zur Verhaltensänderung. Künftig kommen noch weitere Krankheiten hinzu, für die solche Programme angeboten werden. Dies ist sicher ein guter Weg, um Anreize zu setzen, und hier erscheint der Appell an die Selbstverantwortung auch richtig. Doch bei der Forderung „Anreize setzen" stört mich etwas, dass sie sich stets auf die Patienten bezieht. Ich möchte auch bei allen anderen Beteiligten im Gesundheitssystem die Anreize gern so setzen, dass sie ebenfalls nur das tun, was notwendig und sinnvoll ist.

Professor Wolfgang Böhmer hat gerade darüber gesprochen, wie manche Arztrechnungen aussehen. Auch ich habe natürlich das Anliegen, dass hier stärker kontrolliert wird. Ich meine aber, dass wir es grundsätzlich nicht dem Patienten zumuten können, die Arztrechnung zu prüfen. Das wäre wohl eine Überforderung, und es wäre etwas anmaßend zu sagen, 80 Prozent der Bevölkerung seien in der Lage, nach einem ärztlichen Kostenvoranschlag frei zu entscheiden, was für sie sinnvoll und notwendig ist. Dazu würde ich mich nicht in der Lage fühlen, und vermutlich geht es vielen anderen auch so. Wenn Menschen erkranken, konsultieren sie doch den Arzt gerade als Experten für solche Probleme und Fragen. Es kann ja nicht unser Anliegen sein, allen Bürgern der Bundesrepublik ein „Medizinstudium" anzudienen. Man muss schon die Frage erörtern, wie weit in solchen Situationen die Patientenautonomie ausgelegt werden kann. Ich bin stets eine Befürworterin für deren Stärkung. Wir müssen die Bevölkerung besser informieren – beispielsweise schon in den Schulen über Gesundheit aufklären. Wir müssen dem Patienten die Möglichkeiten und Erkenntnisse in unserem Gesundheitssystem transparenter machen. Es geht überhaupt nicht darum, dies alles zu verwehren. Doch es wäre der falsche Ansatz, davon auszugehen, dass der Patient ein Kunde ist, der ein Auto kauft. Im Gesundheitswesen geht es ja um viele Aspekte. Es wäre doch etwas vermessen, zu behaupten, der größte Teil der Bevölkerung könne in die Lage versetzt werden, sich im Krankheitsfall als wirklich autonomer „Kunde" zu verhalten. Es besteht vielmehr die Notwendigkeit, die Interessen von Patienten und Versicherten auch organisiert zu vertreten. Das soll keine Entmündigung bedeuten, sondern eine Stärkung der Belange der einzelnen Patienten. Wir dürfen hier nicht das Kind mit dem Bade ausschütten.

Einige Bemerkungen zu den Ausführungen von Professor Georg Frank darüber, was das Gesundheitssystem leisten kann und was es kosten darf: Das billigste Gesundheitswesen ist jenes, welches gar nichts tut. Dann würde nämlich überhaupt nichts ausgegeben. Aber das ist ja hier nicht das Problem und natürlich auch nicht der

Sinn eines Gesundheitssystems. Die Frage muss vielmehr lauten: Was soll, was muss solidarisch abgesichert werden – und damit –, was ist das „medizinisch Notwendige"? Georg Frank sagte, das „medizinisch Notwendige" in der Industrie würde bedeuten, das Beste zu bieten. Im Gesundheitswesen kann es sicherlich nicht sein, dass immer das Beste für alle da sein und damit für alle solidarisch finanziert werden muss. Für die Frage des „medizinisch Notwendigen" gibt es auch im Gesundheitswesen durchaus eine Reihe von Kriterien. Sie haben vorhin die Langzeitforschung und Versorgungsforschung angesprochen. Diese müssen sehr genau untersuchen, welche Verfahren, welche Maßnahmen, welche Medikamente bereits in größerem Umfang geprüft wurden, welche sich als zweckmäßig und nützlich erwiesen haben, welche in der Tat einen medizinischen Fortschritt darstellen oder eben nicht. Möglicherweise sind es nur andere und teurere Mittel, die jedoch keine besseren Ergebnisse bringen. Wir benötigen exakte Informationen über die Anwendung von Medikamenten und Verfahren sowie über deren Ergebnisse, um auf dieser Grundlage die damit verbundenen Kosten im Vergleich zu denen anderer Mittel und Verfahren zu erkennen. Wenn in einem Bereich eine völlig neue Erfindung gelänge, wenn z. B. ein Medikament gefunden würde, das AIDS heilen kann, dann wäre in der Tat eine Entscheidung über das erforderliche Kostenniveau herbeizuführen. Aber wir müssen uns auch darüber verständigen, ob alles, was heute für die gesundheitliche Versorgung ausgegeben wird, wirklich notwendig ist. Nicht Leistungsausgrenzung ist hier mein Thema, sondern die von Professor Johannes Gostomzyk angesprochene Frage, ob alles, was an medizinischen Leistungen und Verordnungen erbracht wird – jede Röntgenuntersuchung, jede Medikamentengabe – auch wirklich notwendig ist. Es geht nicht darum, ob Röntgen oder ein bestimmtes Medikament aus dem Leistungskatalog herauszunehmen sind, sondern um die Zweckmäßigkeit und Notwendigkeit solcher Maßnahmen im einzelnen Behandlungsfall. Wenn wir diese Blickrichtung zugrundelegen, gibt es noch relativ viel Luft im System und wir können uns darüber unterhalten, was an neuen Erkenntnissen, an neuen, fortschrittlichen Verfahren auch finanzierbar ist.

Demographische Aspekte der Prävention

Johannes Gostomzyk

In der Disputation und den Repliken wurden insbesondere zwei Aspekte angesprochen, die demographische Entwicklung mit ansteigendem Altersdurchschnitt der Bevölkerung und die wachsende Bedeutung der Prävention. Erlauben Sie mir einige Anmerkungen zum Thema Prävention, eine Aufgabe, mit der ich mich als Vorsitzender der Landeszentrale für Gesundheit in Bayern befasse.

Meines Erachtens liegen die Dinge nicht ganz so einfach, wie sie bei der Interpretation des steigenden Altersdurchschnitts der Bevölkerung gelegentlich dargestellt werden. Wenn man die Sterblichkeit in den Jahren 1746, 1932, 1961 und 1989 betrachtet, dann zeigt sich, dass die Zunahme der durchschnittlichen Lebenserwartung in Deutschland im Wesentlichen auf Entwicklungen im letzten Jahrhundert beruht. Es war die erfolgreiche Zurückdrängung der Infektions- und der Mangel-Krankheiten durch Verbesserung der Lebensbedingungen für die breite Bevölkerung und durch Maßnahmen der Hygiene. Noch um die Wende des 19. zum 20. Jahrhundert starben 20 bis 30 Prozent der Kinder vor Erreichen des fünften Lebensjahres. Insbesondere die Abnahme der Kindersterblichkeit erhöhte die durchschnittliche Lebenserwartung der Bevölkerung.

Bei insgesamt geringer Kindersterblichkeit wird heutzutage der Hauptanteil der Sterblichkeit im jüngeren Lebensalter durch gewaltsame Todesursachen hervorgerufen, in der Altersgruppe der 15- bis 25-Jährigen der männlichen Bevölkerung vor allem durch Verkehrsunfälle. Nach dem 45. Lebensjahr gleichen sich dann die Häufigkeiten der Todesursachen denen der Sterblichkeit im hohen Lebensalter an. Bevölkerungsbezogen besteht danach ein beachtliches Präventionspotential im Bereich der gewaltsamen Todesfälle, vor allem in der jüngeren Altersgruppe. Die Lebenserwartung Erwachsener ist insbesondere um die Mitte des vorigen Jahrhunderts stärker gestiegen, seither hat sich dieser Trend abgeflacht.

Vor ca. 50 Jahren betrug die Prävalenz des Diabetes mellitus Typ 2 ungefähr 2 Prozent, derzeit liegt sie bei 5 bis 8 Prozent und wird einschließlich der unerkannten Fälle auf bis zu 15 Prozent der Bevölkerung geschätzt. In den Faktoren, die zur Zunahme dieser Erkrankung führten, liegt auch der Schlüssel, sie zurückzudrängen. Wir könnten erfolgreich sein, wenn wir wüssten, wie gesundheitsbelastendes Verhalten, z. B. Bewegungsarmut und Überernährung, unter den derzeitigen Lebensbedingungen nachhaltig zu beeinflussen ist. Doch die Frage, wie eine Motivation zur Verhaltensänderung in der breiten Bevölkerung erreicht werden kann, ist weitgehend ungelöst. Darüber wurde in der Vergangenheit zu wenig geforscht, wir wissen zu wenig und kommen bislang nur in Teilbereichen bzw. in kleinen Schritten in der Prävention voran.

Noch eine Bemerkung zum Herzinfarkt. Anfang der sechziger Jahre meinte der Freiburger Internist Professor Heilmeier einmal in seiner Vorlesung, er habe heute einen ganz besonderen Fall vorzustellen. Das war ein Patient mit Herzinfarkt. Einige Jahre später konnte man täglich Herzinfarktpatienten in jeder größeren inneren Klinik antreffen.

Die folgenden Angaben beziehen sich auf Ergebnisse aus dem Augsburger Herzinfarktregister, danach sind 51 Prozent der Männer und 74 Prozent der Frauen, die an einem Herzinfarkt versterben, 75 Jahre und älter. Die durchschnittliche Lebenserwartung der Männer beträgt 75 Jahre, die der Frauen 80 Jahre. Die Werte für die mittlere Lebenserwartung und das Alter bei Eintritt des tödlichen Herzinfarktes liegen somit häufig nahe beieinander. Es ist zu fragen, wie groß dabei das präventive Potential in höherem Alter tatsächlich ist. Es scheint vor allem beim Infarkt im mittleren Lebensalter gegeben. Erfreulicherweise sehen wir derzeit einen Rückgang der Häufigkeit des Herzinfarkts, auch in Deutschland, wenngleich zeitlich verzögert gegenüber den USA.

Wir sollten aber erkennen, dass natürliche Grenzen der Prävention in Bezug auf die Lebenserwartung bestehen. Wenn wir das Kreislaufsystem bis in das hohe Alter stabilisieren können, werden die Menschen am Versagen des Nervensystems sterben. Wenn wir das Nervensystem stützen können, werden sie am Versagen des Bindegewebes sterben; dessen Mitosefähigkeit ist begrenzt, ewiges Leben ist nicht möglich. Diese Tatsache müssen wir akzeptieren. Das Hauptanliegen der Prävention ist heute, neben der Ausschöpfung der aktiven Lebenserwartung, die Verbesserung der Lebensqualität durch Vermeidung von Krankheit oder Kompression ihrer Dauer.

Noch eine Anmerkung zur Diskussion über die Krankenversicherung in der Zukunft. Würde die Pflichtversicherung zugunsten der Möglichkeit der freiwilligen Versicherung ganz aufgegeben werden, dann entstünde für die Gemeinschaft ein kaum abwägbares finanzielles und auch gesundheitliches Risiko, z. B. aus Infektionskrankheiten, vorzeitiger Arbeitsunfähigkeit usw. Es würde Menschen geben, die keine Vorsorge für den Krankheitsfall treffen. Eine Versicherungspflicht beugt dem vor. Als Alternative zur Pflichtversicherung käme eine Steuer finanzierte Grundsicherung in Betracht, wollte man die ebenfalls Steuer finanzierte Sozialhilfe nicht überfordern.

Schlusswort

Wolfgang Slesina,
Martin-Luther-Universität Halle-Wittenberg

Sehr geehrte Damen und Herren,
wir haben einen Nachmittag mit inhalts- und argumentenreichen Vorträgen und Repliken erlebt. Dass dieser Nachmittag keine abschließenden Antworten erbringen konnte, war von Anfang an klar und war auch nicht das Ziel. Inwieweit er dazu beigetragen hat, Ihrem Wunsch nach mehr Klarheit nachzukommen, wird jede Teilnehmerin und jeder Teilnehmer dieses Nachmittags selbst für sich entscheiden und gedanklich verarbeiten.

Sicher auch in Ihrer aller Namen danke ich herzlich der Disputantin, den Disputanten und auch den Replikanten dieses Nachmittags für die inhaltlichen Positionen und Überlegungen, die sie uns vermittelt haben. Es waren nicht nur viele, es waren auch sehr präzise Ausführungen. Sie haben unseren Blick geschärft für die Bandbreite von Gestaltungsoptionen im Gesundheitswesen, aber auch für politische Antinomien, wo zwischen Alternativen entschieden werden muss und es schwierig ist, in dem Durchsetzungsprozess dafür entsprechende Mehrheiten zu finden. Aber dies ist ein Problem der Politik und nicht der Wissenschaft.

Ihnen, Herr Ministerpräsident, Ihnen, Frau Dr. Pfeiffer, Ihnen, Herr Professor Dr. Gostomzyk, Ihnen, Herr

Professor Dr. Turre, Ihnen, Herr Professor Dr. Frank und Ihnen, Herr Chefarzt Dr. Jehle noch einmal ein ganz herzliches Dankeschön für Ihre Mitwirkung, für ihre zahlreichen Überlegungen und Erfahrungen, die Sie uns mitgegeben haben, und Ihnen allen, sehr geehrte Damen und Herren, vielen Dank für das Nachvollziehen und für das Aufgreifen der Argumente.

MIX
Papier aus verantwortungsvollen Quellen
Paper from responsible sources
FSC® C105338

If you have any concerns about our products,
you can contact us on
ProductSafety@springernature.com

In case Publisher is established outside the EU,
the EU authorized representative is:
**Springer Nature Customer Service Center GmbH
Europaplatz 3, 69115 Heidelberg, Germany**

Printed by Libri Plureos GmbH
in Hamburg, Germany